中国传媒人才
能力需求研究报告
（2018）

刘蒙之　刘战伟　著

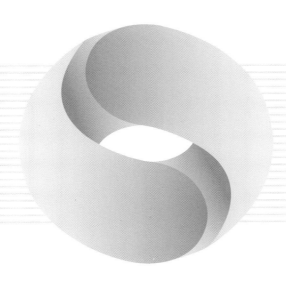

Zhongguo Chuanmei Rencai
Nengli Xuqiu Yanjiu Baogao（2018）

中国社会科学出版社

图书在版编目(CIP)数据

中国传媒人才能力需求研究报告.2018 / 刘蒙之,刘战伟著.—北京:
中国社会科学出版社,2018.10
ISBN 978 - 7 - 5203 - 1357 - 5

Ⅰ.①中… Ⅱ.①刘…②刘… Ⅲ.①传播媒介—人才需求—研究
报告—中国—2018 Ⅳ.①G219.2

中国版本图书馆 CIP 数据核字(2017)第 273380 号

出 版 人	赵剑英
责任编辑	刘 艳
责任校对	陈 晨
责任印制	戴 宽

出　　版	中国社会科学出版社
社　　址	北京鼓楼西大街甲 158 号
邮　　编	100720
网　　址	http://www.csspw.cn
发 行 部	010 - 84083685
门 市 部	010 - 84029450
经　　销	新华书店及其他书店

印　　刷	北京明恒达印务有限公司
装　　订	廊坊市广阳区广增装订厂
版　　次	2018 年 10 月第 1 版
印　　次	2018 年 10 月第 1 次印刷

开　　本	710×1000　1/16
印　　张	14.75
插　　页	2
字　　数	231 千字
定　　价	66.00 元

凡购买中国社会科学出版社图书,如有质量问题请与本社营销中心联系调换
电话:010 - 84083683

目　　录

序　言

当今时代，全球传媒业处在一个深刻变革的历史阶段。传媒变革，人才为王，未来媒体变革的本质是人才创新。2016年2月19日，习近平总书记在党的新闻舆论工作座谈会上强调，媒体竞争关键是人才竞争，媒体优势核心是人才优势，并要求新闻舆论工作者"努力成为全媒型、专家型人才"。习近平总书记的论断一语道破了今天传媒格局下影响力竞争、话语权争夺的关键所在。高校新闻传播院系作为国家培养新闻传媒后备人才的前沿阵地，迫切需要创新新闻人才的培养和管理思路，以应对当下媒介融合变革带来的新挑战。

最近几年，传媒人才供求关系上一个尴尬的现状是，尽管传媒专业的就业前景不断被人唱衰，毕业生难找工作屡屡被报道，但猎寻到优秀的媒体行业人才却一直是用人方的一大难事。一方面，传媒专业毕业生的整体薪资状况确实不怎么乐观；另一方面，当下以及未来，传媒行业都有着不小的人才缺口——不论是高端还是初级的职位，都存在部分岗位特别是新生岗位高薪难聘的情况。问题的本质是，随着传媒行业不断变革，技术飞速更新，我国传媒行业不缺人，真正缺少的是适合传媒岗位需求的人才。当前和今后的一段时期内，我国传媒行业人才问题，供给和需求两侧都有，但矛盾的主要方面在供给侧。一方面，一些传媒专业毕业学生找不到工作；另一方面，诸多媒体出现人才荒。事实证明，我国传媒人才不是需求不足，或没有需求，而是需求变了，供给的传媒人才却没有变，学生的观念、技术、能力跟不上，不能满足不断更迭演变的媒体需求，传媒人才有效供给不足导致严重"供需矛盾"。

人才在任何时代、任何领域都是稀缺资源。媒体融合最核心的是人的融合，最关键的是人才的转变。特别是在新媒体形态急剧崛起的时代，整个传媒业遭遇未有的转型变局，传媒教育也来到关键的转型关口上。变局之下，传媒行业渴望什么样的人才？应对挑战，传媒人才又需要磨炼什么技能？我们的传媒业对人才有什么需求？要求从业者具备何种学历？掌握什么技能？什么样的职业素养？什么性格或是品质？有什么语言能力要求？本书正是围绕上述问题展开研究的。本书在传媒行业人才需求总报告的基础上，分别对报业、图书业、期刊业、广播业、电视业、电影业、动漫业、广告业、公关业等传媒细分行业进行了人才能力需求分析。另外，传统的非媒体机构今天也越来越成为传媒人才需求的生力军。当前，一些政府部门和企事业单位高度重视自媒体建设，对传媒人才有庞大需求，本书也对非媒体机构传媒人才需求进行了分析。鉴于我国企业，特别是"互联网＋"企业对传播手段的倚重，本书还特别对企业的传媒人才能力需求制作了分析报告。

本书通过定量的词频分析，使以往经验性的判断得到了证明，发现了一些单凭经验无法体察的方面。以《传媒业人才能力需求总报告》为例，我们发现，以移动互联网为代表的互联网跨界浪潮正在以前所未有之势颠覆着传统媒体产业，以前的传媒格局濒临坍塌，互联网媒体成为传媒产业的主导力量，"电视""报社""广播"等媒体单位用人需求在第二梯队。传媒人才需要坚持"互联网＋"思维，积极拥抱互联网，做互联网界的"混世魔王"。从分析结果来看，媒体招聘对从业者的工作能力、经验有较高的要求。可见，媒体工作要求以实践应用为导向，因此要注重培养学生的实践工作能力，加强实践和经验积累。同时，"负责任""团队""合作"等关键词排名靠前，表明用人单位重视从业者的负责态度和团队合作精神。"一个人走得快，一群人走得远"，一个体要长远发展，离不开团队所有人的齐心协力与合作配合。在招聘工作中，用人单位突出对从业者职业态度的考察。这是因为媒体工作面临长期熬夜、生活不规律甚至"防火防盗防记者"等危险状况，要求从业者对所从事工作有极强的热爱和兴趣，否则将难以胜任高强度的媒体工作。在讲求能力的时代，学历重要吗？我们发现，85％的媒体招聘人才要求本科学历，12％的单位要求硕士学历。本硕学历共同占比为97％，可见媒体对从业者均有一定的学历要求。大多用人单位一般要求具备本科学历即可，要求硕士学历以上的主要是传统媒体，互联网新媒体公司对学历要求相对低且宽松，但更加重视从业者业务能力。在新的媒介形态下，媒体一般都希望人才具有"十八般技艺"。图片处理技术软件 Photoshop 位列第一名，同类型的还有排名第八位的 Illustrator。APP 和 HTML 5 排名第二、第三。后期剪辑软件 Premiere、Edius 和特效制作软件 AE 也是很多媒体的基本需求。媒体设置哪些岗位，招徕哪些人才？媒体招聘岗位需求主要是"编辑""记者""编导"等传统媒体工作者。"设计师""运营""营销"类运营和经营人才需求较大，大量媒体将运营和营销人才作为招聘重点。值得注意的是，不管是互联网新媒体企业，还是传统广电媒体单位，具有一定 IT 人才需求。"一招鲜并不能打遍天下无敌手"，"一专多能"的人才大受各类媒体青睐。大视频时代，视频成为主要的媒介形式，视频制作人才需求大，相应的各类媒体对于视频拍摄、剪辑和包装制作人才需求也水涨船高。媒介融合背景下，当"是什么"已漫山遍野，"为什么"就显得尤为稀缺，跨学科新闻传播人才成为市场上的宠儿，他们身上所具备的跨学科知识背景与思维方式，为媒体提供了报道世界的基本认知范式。媒体对金融学与经济学人才具有比较大的需求。财经金融类新闻所具有的专业性要求媒体工作者在具备基本新闻专业知识与能力的基础上，必须具备一定的经济学或金融学专业背景。紧跟其后的是社会学、法学、哲学、政治学，体现出媒体对具备一定人文社会学科专业人才的需求。这就要求传媒教育应坚持通识为"体"，专业为"用"，培养复合型专业人才。

　　媒介变革时代，传媒人才供给侧改革刻不容缓。人才，决定传媒生死存亡；人才，是传媒发展的第一生产力。传播技术发展的日新月异引发新闻信息生产传播方式和传播格局的重大变革，在推进媒介融合发展过程中，不管是传统媒体还是新媒体，越来越表现出对"对口人才"和"适用人才"的渴望。解决传媒人才结构性问题，必须推进传媒人才供给侧改革。媒介变革时代，传媒行业不仅仅是"大鱼吃小鱼"，更是"快鱼吃慢鱼"。如何快速适应变幻莫测的传媒变革，根本在于培养能够紧跟传媒变革浪潮的优秀人才。传媒人才的供需结构性矛盾，是我国媒介变革的"阿喀琉斯之踵"，必须改善传媒人才供给结构，实现传媒人才由低水平供需平衡向高水平供需平衡跃升，推动人才培养与媒体需求高度契合，不断适应和引领媒介变革新的人才需求。因此，推进传媒人才供给侧改革是适应和引领传媒产业变革，力克媒介变革"阿喀琉斯之踵"的决定性战役。

随着媒介生态与技术的快速演变，媒介产品的形态与功能正在发生深刻变化，我国传媒业的人才能力需求也正在不断刷新。为了更好地回应传媒行业对人才需求的真实关切，搭建传媒行业与传媒教育机构机制对接的知识桥梁，提高我国传媒人才培养的针对性、有效性与现实性，本书采用词频分析法对2016年至2017年的传媒业与非媒机构的最新招聘广告进行了分析，并综合各方面信息进行了讨论。虽然这种分析并未涵盖全部的招聘广告，但见微知著，对具有较强代表性的招聘广告样本的筛选与分析可以大致反映当今传媒业与社会非媒机构对人才能力需求的最新变化，这对有志于投身传媒事业的广大学子与高等传媒院校教育工作者具有一定的参考作用。最后，作为首份传媒业人才能力需求报告，受限于时间与经验因素，本书尚有许多不足和疏漏，未来还有很大的改进空间，以后我们会不断完善，此作权作抛砖引玉。

著　者

2018 年 7 月

第一章　传媒业人才能力需求总报告

一　引言

新技术发展更新演化，让传媒业成为当今变化、革新最激烈的领域之一。媒介融合新形势下，传媒教学面临变革与挑战，人才培养如何适应变革发展中的传媒行业的现实需求，是摆在高校教育者面前的一个重大问题。本章以 2016 年至 2017 年总体概念上的媒体招聘信息为研究样本，通过词频统计的方法分析传媒行业用人单位对从业人员在学历、职业技能、语言能力、职业素养、性格品德等方面的要求，总结宽泛意义上的传媒业人才需求标准并提出相应的人才培养创新对策。

在新媒体技术发展和媒介融合大趋势下，高等传媒院系教育观念也面临变革。传媒业需要什么样的人才，需要什么技能是摆在新闻传播学高等教育面前的一个大问题。目前传媒业态发生巨大变革，传媒人才培养面临重大调整。传媒行业实际的人才能力需求是传媒教育改革的重要参考依据。为了及时了解媒介融合状态下，我国媒体对传媒人才能力构成的要求，本文选取 2016 年 9 月至 2017 年 4 月 "招聘季" 我国媒体招聘信息为研究样本，通过词频分析传媒单位对从业人员在学历、职业技能、语言能力、职业素养、性格品德等方面的要求，试图总结其总体的人才能力标准与需求，以期为我国高等院校新闻传播学的教学设置和就业市场的应聘者提供一些参考。

二 研究方法与内容

（一）研究问题

媒介融合新形势下，传媒产业面临巨大变革，媒体对从业人员也有了新的要求，有没有一个量化的指标或数据？我们的传媒业对人才有什么需求，要求从业者具备何种学历，掌握什么技能、什么样的职业素养、什么性格或是品质，有什么语言能力要求，这是摆在传媒从业者面前的一个重要问题。大学新闻传播院系如何设置课程体系，如何开展教学工作，培养学生何种技能与素质等，也是高等院校传媒教学工作面临的突出问题。本章通过对媒体招聘信息的词频统计分析，用数据揭示传媒行业的人才选用标准。

（二）研究样本

本文选取 2016 年 9 月至 2017 年 4 月的 180 家媒体的招聘信息为研究样本，总字词符号数量达到 10 万有余，包括报纸、广播、电视、网络、广告、公关、期刊、影视等多种媒体形态。选择标准如下：（1）选择媒体全面、具体，具备研究价值；（2）选择媒体具有一定代表性，均为行业领域内标杆单位；（3）选择媒体具有一定的受众规模和传播力、影响力；（4）选择媒体在报刊、图书、广播、电视、电影、动漫、网络、广告、公关等行业分布比较均衡；（5）选择媒体的分布地域尽可能广泛；（6）选择媒体岗位分布均衡，既包括内容生产与制作岗位，也包括技术、运营等岗位。遵循这 6 条标准，本章选取 180 家新闻媒单位招聘信息，既有中央电视台、新华社、中央人民广播电视台、中国青年报、新京报等传统媒体，也有腾讯、网易、百度、爱奇艺、今日头条等互联网新媒体企业。

样本来源主要是媒体单位官方网站发布的招聘信息、专业招聘网站发布的媒体招聘信息，以及微博"媒体招聘信息"发布的媒体招聘信息，微信公众号"媒体招聘信息""新闻实习生""刺猬公社""AI 蓝媒汇"等发布的媒体招聘信息。招聘信息文本来源广泛，具有一定的覆盖面和代表性。

（三）研究方法

1. 词频统计

词是文献中承载学术概念的最小单位，词频统计是一种情报学的定量分析法。词频——反转文件频率，是一种基于情报检索和文本挖掘的常用加权技术，用来评估一个词对于一个文件或者一个语料库中的一个领域文件集的重要程度。传统文献分析法带有一定的个人偏好和主观经验，不一定可以窥探文献背后所隐藏的结构性意义。词频统计是指统计出某个文本中各个字词出现的次数与频率，作为一种科学的定量研究方法，词频统计分析可以透过现象看本质，具有一定的准确性、客观性、系统性、标准性，因而被广泛应用于人文社科领域多个学科的研究中，并且取得了非常丰硕严谨的研究成果。本文使用 Python 编程语言，选择"做最好的中文分词组件"的"Jie ba"（结巴分词）中文分词库，利用计算机软件分词技术将汇集的招聘信息拆散成词组和单个字符，并对拆散的词组依照出现频率进行统计，将统计数值按照从大到小的顺序进行依次排列，词频统计通过对收集的 180 家媒体招聘信息，进行分词和 TF—IDF 词频统计，一共有词数 5399 个，包括半角符号和数字。词频统计排名前 100 位的词语见表 1。

2. 指标设计

基于 TF—IDF 词频统计结果仅为散乱词频数据，缺乏具体评价维度。本文人工设置如下维度：（1）前 20 名散乱关键词词频排名；（2）媒体行业类词频排名，主要为报纸、图书、广播、电视、电影、动漫、网络、广告、公关等行业关键词排名；（3）职业素养类词频排名，如能力、经验、负责等；（4）职业态度词频排名，如喜欢、热爱、积极、主动、激情等，反映一定的职业态度；（5）热门技能词汇词频统计排名，主要为 Photoshop、HTML 5、Web、IOS、Edius、Office、VR 等从业者所学技术软件；（6）学历要求关键词词频统计排名，主要为专科、本科、硕士、博士，用以研究分析用人单位对于从业者的学历要求；（7）招聘岗位类排名，主要有记者、编辑、技术、运营、摄像、主持人等，以研究分析用人单位不同岗位的需求情况；（8）核心产品形态关键词词频统计排名，包括视频、图片、动画、HTML 5、VR 等，用以研究分析用人单位对不同媒介呈现形态的需求；（9）语言能力要求关键词词频统计排名，包括汉语、英语、法语、日语、俄语、西班牙语、阿拉伯语等，用以研究分析用人单位对从业者的外语语言要求；（10）招聘单位工作地区关键词词频排名，如北京、上海、广州、深圳等，用以研究分析媒体就业区域分布；（11）教育背景类词统计排名，包含经济学、金融学、社会学、统计学等，用以研究分析用人单位对从业者多学科背景的要求。本章通过以上几个维度的关键词词频统计，总体分析媒体对从业者的各项基本需求状况。

三 招聘信息文本词频统计分析与发现

表1 TF—IDF 词频统计分析结果（前100位）

排名	词语	词频	频率
1	工作	2897	5.3656
2	能力	2542	4.7081
3	新闻	1699	3.1468
4	媒体	1069	1.9799
5	经验	1005	1.8614
6	编辑	996	1.8447
7	负责任	695	1.2872
8	策划	571	1.0576
9	运营	458	0.8483
10	内容	438	0.8112
11	专业	408	0.7557
12	设计	372	0.6890
13	产品	319	0.5908
14	熟悉	318	0.5890
15	记者	318	0.5890
16	视频	273	0.5056
17	学历	272	0.5038
18	团队	268	0.4964
19	沟通	252	0.4667

续表

排名	词语	词频	频率
20	分析	250	0.4630
21	数据	240	0.4445
22	合作	233	0.4315
23	制作	228	0.4223
24	软件	226	0.4186
25	活动	210	0.3889
26	文字	199	0.3686
27	技术	194	0.3593
28	互联网	193	0.3575
29	网络	192	0.3556
30	项目	184	0.3408
31	管理	182	0.3371
32	平台	182	0.3371
33	执行	180	0.3334
34	北京	177	0.3278
35	网站	169	0.3130
36	开发	167	0.3093
37	节目	166	0.3075
38	功底	163	0.3019
39	热爱	163	0.3019
40	熟练	160	0.2963
41	撰写	155	0.2871
42	用户	153	0.2834
43	推广	148	0.2741
44	学习	147	0.2723
45	独立	147	0.2723
46	责任心	144	0.2667
47	传播	144	0.2667
48	频道	141	0.2611
49	语言	141	0.2611
50	知识	140	0.2593

续表

排名	词语	词频	频率
51	创意	139	0.2574
52	写作	139	0.2574
53	表达	138	0.2556
54	流程	138	0.2556
55	营销	136	0.2519
56	优秀	134	0.2482
57	作品	133	0.2463
58	发布	131	0.2426
59	微信	130	0.2408
60	研究	124	0.2297
61	客户	122	0.2260
62	信息	119	0.2204
63	深度	118	0.2186
64	报道	116	0.2148
65	微博	115	0.2130
66	移动	115	0.2130
67	方案	114	0.2111
68	采编	112	0.2074
69	压力	111	0.2056
70	选题	109	0.2019
71	严谨	105	0.1945
72	商业	104	0.1926
73	品牌	102	0.1889
74	文案	101	0.1871
75	广告	100	0.1852
76	市场	100	0.1852
77	专题	98	0.1815
78	喜欢	98	0.1815
79	经历	90	0.1667
80	精通	89	0.1648
81	财经	88	0.1630

续表

排名	词语	词频	频率
82	阅读	87	0.1611
83	创新	87	0.1611
84	视觉	87	0.1611
85	挖掘	87	0.1611
86	业务	86	0.1593
87	英语	86	0.1593
88	舆情	85	0.1574
89	承受	85	0.1574
90	电视	84	0.1556
91	剪辑	84	0.1556
92	后期	84	0.1556
93	工程师	84	0.1556
94	调查	83	0.1537
95	电视台	82	0.1519
96	扎实	81	0.1500
97	编导	80	0.1482
98	稿件	77	0.1426
99	丰富	77	0.1426
100	摄影	75	0.1389

　　包括英文在内，总体词语为 5399 个。本章选取词频排名前 100 名的关键词。人工排除"相关""以上""要求""招聘""具有""时间"等无研究价值关键词语，其空缺由排名 100 位以后的词语补位。

　　关键词词频统计排名前 20 位结果显示，媒体类用人单位关键词有"能力""新闻""媒体""经验""编辑""内容"等。通过这一关键词词频排序，我们可以看出媒体用人单位需求主要以"能力""经验"为导向。新闻传播行业属于实践偏向性行业，招聘信息词频统计结果验证了媒体从业者实践能力和工作经验的重要性。工作岗位需求主要以"记者""编辑"为主，同时"产品""软件""数据""技术""互

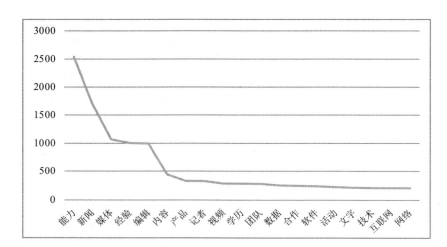

图 1 关键词词频统计分析结果

联网""网络"等关键词表明目前传媒行业人才需求的技术导向，伴随的是对技术人才的大量需求。大数据时代的到来对传媒业带来前所未有的冲击和挑战，数据成为传媒内容生产与产品设计策划最重要的资源之一。新闻媒体不仅是信息的提供者，还承担着解读、分析与预测的重要职能。伴随着人类社会进入数字新媒体时代，互联网技术、无人机技术、虚拟现实技术、人工智能等技术的发展不断更新变革信息生产与传播方式，科技与传媒的结合成为传媒转型发展的核心推动力，这对传媒组织和媒体从业者而言既是挑战也是机遇，要求传媒教育工作者及从业者要高度重视培养和提高技术胜任力。同时，学历水平依然是媒体招聘的重要指标，几乎所有媒体均对学历有一定要求。

图 2 媒体招聘行业词频统计分析结果显示，"互联网""网络"分列第一、二名，表现出互联网行业发展迅速，位于用人需求第一梯队，人才需求量极大。以移动互联网为代表，互联网跨界浪潮正在以前所未有之势颠覆传统媒体产业，以前的传媒格局濒临坍塌，互联网媒体必将成为传媒产业的主导力量。新闻传播高等教育也应该顺势调整，大力培养针对互联网媒体需求的高素质人才。关键词"广告"的排名突出，表现出广告行业的用人规模较大，用人需求强烈。近年来，互联网广告占整体广告收入已达到48%以上，并且其增速远远快于传统广告行业，这提醒高校广告人才培养也应该以互联网广告人才需求为导向。其次，

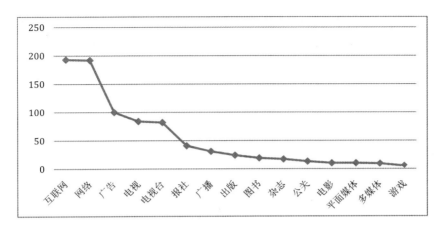

图2　招聘行业词频统计分析结果

"电视""电视台""报社""广播"等广电媒体用人需求在第二梯队。纸媒类媒体关键词"出版""图书""杂志"用人需求相对比较少，进一步表明了纸媒地位的衰落与边缘化。"公关""电影""平面媒体"和"游戏"类单位需求人才相对比较少。随着互联网的发展，媒介融合趋势强化，传统媒体人才需求趋少，互联网、新媒体人才需求增加，新闻传播类高等教育应该改变以往一味面向传统平面媒体、广电媒体的人才培养导向，注重培养面向互联网、新媒体的传媒人才。

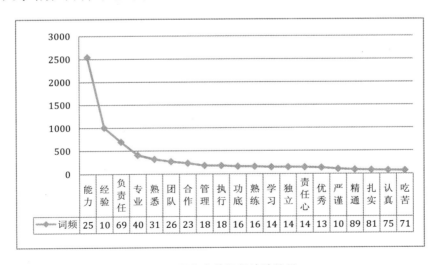

	能力	经验	负责任	专业	熟悉	团队	合作	管理	执行	功底	熟练	学习	独立	责任心	优秀	严谨	精通	扎实	认真	吃苦
词频	25	10	69	40	31	26	23	18	18	16	16	14	14	14	13	10	89	81	75	71

图3　职业素养词频统计结果

　　通过图 3 我们可以看出，职业素养类关键词中"能力""经验"
"熟悉"等分别排名第一、二、五位，表明用人单位对从业者的工作能
力、经验和工作熟悉程度等有比较高的要求，相反并没有出现"知识"
这类关键词。可见，媒体工作以应用为导向，所以高校传媒专业教育应
注重培养学生的实践工作能力，加强实习和经验积累。同时，"负责
任""团队""合作"等关键词排名靠前，表明用人单位重视从业者的
负责态度和团队合作精神。以电视行业为例，每一档节目或一部电视产
品的背后都是各个不同专业的团队合作结果，因而要求从业者具备较强
的团队合作能力。另一方面，"专业""严谨""认真""扎实"等关键
词表明用人单位突出对职业态度的要求，媒体从业者应该具备扎实的基
础职业素养。

　　图 4 中职业态度关键词词频统计中，"热爱""喜欢""兴趣"分列
第一、二、六位，体现了用人单位招聘需求突出从业者对工作的感情态
度。真实的媒体工作并不是人们想象中的光鲜亮丽，其背后是长期熬
夜、生活不规律、"防火防盗防记者"等状况，这要求从业者对行业有
极强的热爱和兴趣，否则将难以坚守高强度的媒体工作。另一方面
"承压""吃苦耐劳""抗压"等词汇强调从业者要具备吃苦承压的坚
强性格品质。近年来，时有编辑记者自杀新闻出现，体现出传媒行业

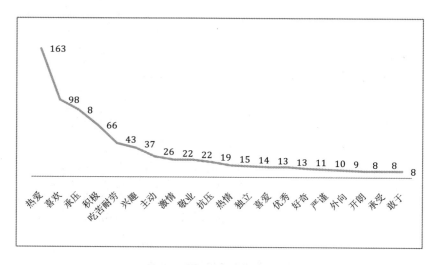

图 4　职业态度词频统计结果

的高压和辛苦，因此要求从业者具备较强的心理素质，以克服工作中面临的压力。以记者岗位为例，在夏季吹着空调的办公室里是做不出好新闻的，记者须能够吃苦耐劳，深入基层、深入生活、深入现场开展新闻调查与采访报道，这是做出好新闻的基本要求。同时，"积极""主动""敬业""独立"等词汇体现出媒体单位对传媒从业者工作积极主动的要求，同时应该保证一定的独立敬业的职业态度要求。

表 2　学历要求词频统计结果

排名	词语	词频	频率
1	本科	114	0.2111
2	硕士	16	0.0296
3	专科	3	0.0059
4	博士	1	0.0019

如图 5 所示，学历类词汇统计分析结果显示，85％的媒体招聘人才要求本科学历，12％的单位要求硕士学历。本硕学历共同占比为 97％，也就是说用人单位一般要求人才具备本科学历即可。通过梳理具体招聘

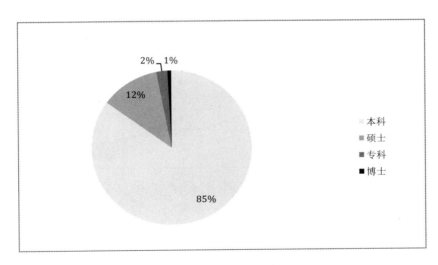

图 5　学历要求分布统计结果

信息，我们发现要求硕士学历以上的主要是中央电视台、新华社、人民网、中央统战部信息中心、南方周末、羊城晚报、工人日报社、大众日报、中国法制出版社等传统媒体，而新媒体公司基本上没有硕士学历的硬性要求。事业单位属性的传统广电媒体对于媒体从业者的学历门槛要求高且严格，而互联网、新媒体公司对学历要求相对低且宽松，通常更加重视从业者业务能力。媒体从业者想要进入传统媒体，一般需要具备硕士学历或出身较好的本科学历。学历要求专科以上的主要集中为美编等专业技术较强的岗位。至于博士虽然在招聘信息中有单位提出，但并没有硬性要求。所以，媒体从业人员只要具备本科或硕士学历即可满足媒体的工作岗位需求，值得注意的是，部分单位明确提出"211"或"985"院校要求，存在一定的选择偏向问题。

热门技能词汇词频统计结果中，图片处理技术软件 Photoshop（或PS）分别位列第一、第四，另外排名第八位的是同为图片处理软件的Illustrator。新华社招聘信息是"玩得转 PS，可以进行基本的图片处理与排版"。腾讯、新浪、万博宣伟、青岛日报等多家媒体类招聘信息中均提出"玩转 PS、会 PS、熟练掌握 PS、熟练使用 PS"等关于图像处理软件能力要求，说明媒体用人单位对从业者的图片处理能力要求比较广泛，尤其新媒体和平面媒体均要求从业者具备简单的图片处理能力。

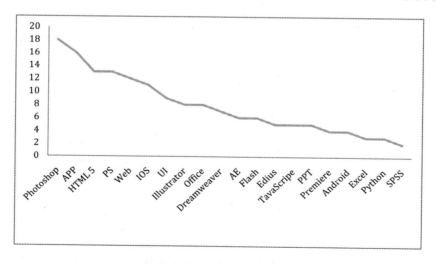

图6 热门技能词频统计结果

APP 和 HTML 5 排名第二、三位，突出表现了智能手机、移动互联网和手机 HTML 5 技术的飞速发展，不管是新旧媒体基本上都开通"两微一端"，对这方面人才需求比较大。后期方面剪辑软件 Premiere、Edius 和特效制作软件 AE 也是很多媒体的基本需求，尤其大视频时代，视频制作后期人才需求比较大。同时，我们也看到 Python 编程语言出现在技术需求里，表明用人单位不仅仅需要内容创作人才，也需求技术人才。考虑到 Python 在数据可视化方面具有比较强大的功能，媒体对这方面人才也有一定需求。总体分析看来，媒体招聘信息表明对于从业者均有一定的软件技术能力要求，纸媒以图片处理软件为主，视频媒体以视频制作软件为主，移动互联网的发展对于软件开发、程序语言等方面人才或技能需求也逐步增加。技术是第一生产力，其渗透力是全方位的，任何媒介的发展都不能置身于技术化的浪潮之外。印刷术造就了报纸业，无线电催生了广播业，互联网新技术推动了传媒产业变革发展。与技术相适应的媒介形态必将得以繁荣昌盛，不相适应的必将逐渐走向衰落。新闻传播学高等教育应该确立技术导向型的教学目标，培养学生扎实的技术实践操作能力。

招聘岗位词频统计数据显示，媒体招聘岗位需求主要是"编辑""设计师""编导"等传统媒体工作者，说明目前媒体工作岗位需求主

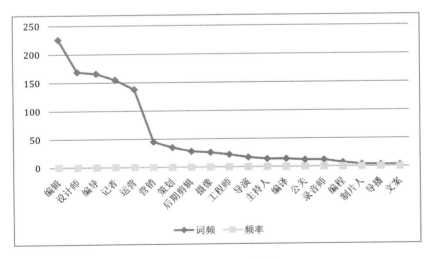

图 7 招聘岗位词频统计结果

要还是传统岗位。当然，同样是编辑，不同岗位需要的能力相对不同，新闻编辑、视频编辑、图片编辑、文字编辑、音乐编辑、平面编辑、夜班编辑、客户端编辑等岗位设置分工体现了行业岗位的细分化。对职业能力要求的专业性，要求从业者具备特定编辑岗位的专业知识和能力。"设计师"高词频显示媒体对设计人才的需求旺盛，另外"运营""营销"类运营人才需求也比较大，显示出媒体对经营人才的强需求。从媒体招聘信息词频统计的数据来看，大量媒体公司将运营和营销人才作为招聘重点。为了契合新媒体环境的发展要求，媒体不仅仅需要内容人才，更需要将内容卖出并卖出好价钱的销售运营人才。"摄像""后期剪辑""导演""主持人""制片人"等传统媒体人才需求比较稳定。值得注意的是，不管是互联网、新媒体企业，还是传统广电媒体单位，均有一定的 IT 人才需求，比如"工程师"与"编程"人才。近半数的媒体大量招聘互联网和移动互联网产品开发人员，媒体竞争对新技术人才需求甚至超过对传统新闻人才的需求。显而易见，现阶段的媒体不再仅仅着眼于内容生产，而是将注意力集中在技术发展与产品研发方面。

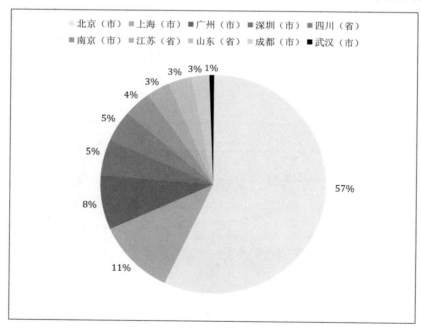

图 8　工作地区占比统计结果

传统的单一能力不太胜任媒体人才需求，而"一专多能"，既熟练掌握传统新闻采写编评等基本能力，又掌握图片、视频编辑处理能力和编程、运营能力的人才大受各类媒体青睐。

如图8所示，招聘单位所在地区占比统计数据显示，发布媒体招聘信息的单位主要分布在北京、上海、广州、深圳等城市，表明媒体发展具有很大的地域差异，一线城市媒体行业比较发达，对人才需求比较大。同时，东南沿海地区人才需求比较旺盛，西北、西南、东北和中部地区媒体人才需求相对比较少。其中，北京以57%的比例占据媒体人才招聘的半壁江山，众多招聘信息"工作地点仅限北京"，对于工作地区有严格要求，这主要源于北京拥有发达的媒体行业尤其是互联网产业。另外表现突出的"上海"占比11%，"广州"占比8%，"深圳"占比5%，三地共约占媒体人才招聘的1/4。其他省市里"江苏""南京"词频率达到9%，表明江苏拥有较为发达的媒体产业和强劲的人才需求。总体而言，媒体的发展水平和用人需求与地区经济、政治和文化水平正相关。对于媒体从业者而言，相对二、三线城市极其匮乏的实习和就业机会，一线城市具有较丰富的高质量媒体实习和就业机会。

图9核心产品形态词频统计结果显示，"视频"以"273"的高词频率独领风骚，与其他媒介形式相差悬殊，体现出大视频时代，视频

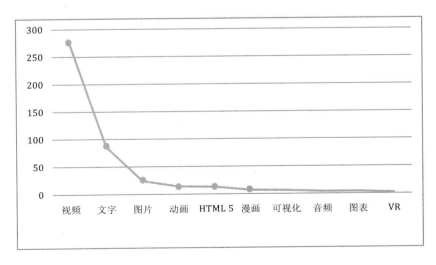

图9　核心产品形态词频统计结果

成为主要的内容形式，相应的各类媒体对于视频拍摄、剪辑和包装制作人才需求也水涨船高。"文字"和"图片"分列第二、三位，表明文图仍然是媒介产品主要的承载形式。"动画""HTML 5""漫画"位于媒介内容形式词频的第二梯队，它们以其形象化、动态化、互动性等特点受到媒体欢迎，此方面人才也是媒体需求比较多的人才。同时，"可视化""图表""VR"等近年来新出现的内容呈现技术受到追捧，一些媒体开始投入数据新闻生产，对可视化人才有一定的需求。VR 虽然排名最后，但是考虑到其 2016 年才真正开始发展，很多媒体单位试图采用 VR 技术制作新产品，对这方面人才有一定需求。新闻传播行业近年来受技术变革的影响，增加了很多新岗位人才需求，这要求新闻传播高等院校顺时而变，增加相应的新技术课程或专业，培养面向传媒人才市场需求的高素质新闻传播人才。

图 10 语言能力词频统计结果显示，很多媒体单位对媒体从业人员有一定的外语语言能力要求。除母语汉语外，其中，关键词"英语""英文"占比最大，"英语水平优秀""英语一定要好""英语翻译能力过硬""有英文编译能力者优先""英语特长生优先"等，说明媒体单位对外语语言能力的要求以英语语种为主，这也提示新闻传播高校教育者，切实正视并加强新闻传播专业学生的语言能力，尤其是英语语言能力。关键词"翻译""外语"进一步印证媒体单位对人才语言能力的要

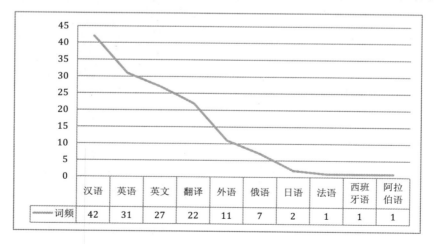

	汉语	英语	英文	翻译	外语	俄语	日语	法语	西班牙语	阿拉伯语
词频	42	31	27	22	11	7	2	1	1	1

图 10　语言能力词频统计结果

求，甚至有媒体单位的招聘信息中出现"英文好，英文好，英文好，重要的事情说三遍"等强调英文能力的要求口号。其次"俄语""日语""法语""西班牙语""阿拉伯语"体现出部分媒体对小语种的要求，这里面主要以俄语、日语为主。改革开放以来，伴随着我国经济的快速增长，国家综合国力和国际影响力不断上升，与之形成鲜明对比的是我国媒体的国际影响力和国际话语权一直薄弱，这和日益增强的国家实力不相匹配，因此要加强我国媒体在国际事务中的话语权和影响力，势必要提高对媒体从业者外语能力的要求。

图11学科专业词频统计结果表明，用人单位招聘信息中明确要求招聘具有其他学科背景的传媒人才。从图11中我们可以看出，专业关键词"金融学""经济学"排名第一、二位，表明媒体对金融学与经济学人才具有比较大的需求。随着我国经济快速发展和市场经济的完善，财经类媒体人才需求不断增加。由于财经金融类新闻所具有的专业性，要求该行业媒体工作者在具备新闻专业知识与能力的基础上，亦须具备一定的经济学或金融学背景。紧跟其后的是社会学、文学、法学、哲学、政治学，体现出媒体对具备一定人文社会学科专业人才的大量需求，或是要求媒体应聘者具备该学科背景。为此，我国高等院校应该加强通识教育，坚持通识为"体"、专业为"用"，培养复合型新闻传播

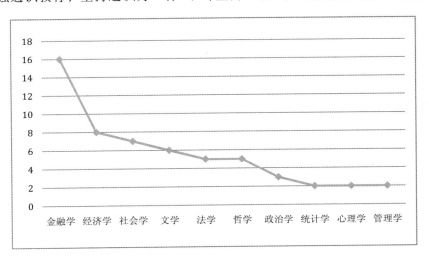

图11　学科背景词频统计结果

专业人才，有效提升专业素养、丰富知识结构、培养创新能力，为媒体单位输出高质量传媒人才。值得注意的是，伴随着近年来大数据与数据可视化的应用，有媒体明确提出招聘统计学专业人才。媒介融合背景下，跨学科传媒人才成为市场上的宠儿。

四　结语

（一）传媒人才需求以工作经验与实践能力为导向

传媒行业属于应用型行业，媒体工作注重实践能力和工作熟练程度，招聘信息中明确表现出能力与经验导向。传媒类高等院校应该加强与新闻媒体、互联网公司及广告公关企业之间的合作，提高学生工作技能和实践经验。由于新技术更新频繁，单纯依靠高等院校教育教学难以跟上飞速发展的技术变革。因此，在技术实践方面，要重视通过引进业界教师培养学生学习新技能，保证传媒教育能够跟上不断变化发展的技术和媒体实践。目前我国新闻传播类院校学生存在的一个突出问题是手高眼低、高分低能，很多毕业生不具备基本的工作能力。加强学生自身实践能力，增加实践工作经验成为传媒学子和高校教育者迫在眉睫的责任。传媒类院系应该加强学生实践锻炼，除了输送学生到校外传统媒体和网络新媒体公司开展实践学习，也应该在校内大力开展传媒实践教学。以清华大学新闻与传播学院为例，它相继开设"清新时报工作坊""清影工作坊""新媒体工作坊"等一系列面向学生的具备"真刀真枪"实践性质的教学活动，并生产了一系列作品，取得良好的教学效果，这对全国传媒类高等院校具有一定的启示和借鉴意义。

（二）创新课程设置以应对全新技术岗位

基于媒体招聘岗位的词频分析显示，近年来媒体机构招聘出现了很多之前没有的工作岗位，例如编程、工程师。另外在技术方面，出现了VR、HTML 5 等新技术岗位需求。移动互联网、大数据飞速发展，给媒体行业带来巨大变革，技术人才成为媒体需求的重头戏。中国人民大学新闻学院新闻传播教育课题小组基于 18 所国内新闻传播院系的调研报告显示，媒介融合背景下，媒体机构需要能够运用多种技术工具的全能型记者编辑。新闻传播学高等院校应该根据媒体需求，改革完善课程设置，完善人才培养体系，注重培养媒体对从业人员的一些新技能需求。比如数据可视化、大数据处理、图表设计、虚拟现实、增强现实和 Python 程序语言等新技术。媒体招聘信息中的数据分析和图表可视化人才需求，源于今天挖掘事实和真相的手段中，大数据分析方法的"数据洞察"能力正成为深度挖掘数据价值的重要方法。以美国哥伦比亚大学新闻学院为例，该院通过与其他院系开展双硕士学位专业，如新闻学与计算机科学、新闻学与统计学等。学生不仅掌握相应的新闻传播理论与实务，同时也掌握计算机、统计学等科学技术，从而获得较强的工作胜任力。

（三）着力全媒体人才培养

当前，新媒体技术快速发展，各种新媒体产品如雨后春笋般不断涌现。不管是新媒体企业还是传统媒体单位，均开通"两微一端"，很多媒体竞相开发 APP 客户端等。当前"全媒体"的趋势已经十分明显，具体表现为渠道平台化、内容集成化、机制流程化以及消费与生产结合，全媒体人才成为新闻传播业界人才需求的主力军。词频统计显示，传媒类人才主要需求市场为互联网新媒体企业，高校应该以传媒业需求为导向，重视培养面向行业需求的新媒体人才。媒介融合大趋势下，媒介产品呈现富媒体形态，新媒体企业注重对新闻传播人才全媒体技能的要求，很多新媒体单位要求从业人员具备文字写作能力、摄影和图片处理能力，视频拍摄与剪辑制作能力等。媒介融合时代，融合新闻的表达更强调视觉效果。以中山大学为例，传播与设计学院将"网络与新媒体专业"细分成"影像传播"和"创意媒体"（媒体交互设计）两个方向，就是对视觉表达能力不同层次、不同侧重的细分。新时期媒体从业者要具备使用文字、声音、图片、视频、直播、VR 等多媒体形式传播媒介信息的能力，能够综合运用快讯、消息、特写、通讯、微博、博客、直播等多样化新闻形式，迅速依托报纸、杂志、广播、电视等传统媒体和互联网、移动互联网、智能手机、大数据、可视化图标、动新闻等新媒体产品形态将新闻信息快速传播出去，最终成为具备全媒体信息采集、分析、制作和传播的全媒体型人才。

（四）重视职业素养与性格品行的培养

互联网技术带给新闻传播行业巨大冲击，媒体的传播力、影响力和品牌力指标基本上实现量化衡量，使得媒体竞争白热化，媒体从业人员压力不断增大。词频分析发现，媒体单位对从业人员的性格有一定的要求，因此高等院校不仅仅要重视学生专业知识和工作技能的教育培训，还应该注重对学生职业素养和性格品行的塑造培养，比如在大学通过一系列实践活动着力塑造学生敬业、独立、严谨、负责等职业素养，新闻传播从业者要具有强烈的责任感和脚踏实地、实事求是的工作作风，具备"铁肩担道义"的职业品格。在大众眼中，新闻媒体是一个光鲜亮丽的行业，以至于很多不具备媒体岗位基本素养的学生报考新闻传播类专业院校。但是实际工作中，不少媒体岗位比较辛苦且不规律，很多时候还要面临突击加班等高强度工作状态，这要求新闻传播高等院校不仅仅要教授学生知识与能力，同时要在教学过程中让学生获取直接的工作经历和体验，培养学生抗压、勤奋、吃苦耐劳等性格品行。

互联网信息技术对社会的各个行业、各个层面、各个领域均产生了广泛而深刻的影响。随着新媒体技术的发展，在媒介融合大趋势下，传媒类高校教育也面临变革，社会需要什么样的人才，人才需要什么技能是摆在新闻传播学高等教育面前的首要问题。本章具体分析了传媒行业用人单位对从业人员在学历、职业技能、语言能力、职业素养、性格品德等方面的要求，希望能为教育主管部门、高校传媒院系和媒体专业学生提供一些参考。

第二章 报业人才能力需求报告

一 引言

2016 年全国共出版报纸 1894 种，平均期印数 19494.94 万份，总印数 390.07 亿份，总印张 1267.27 亿印张，折合用纸量 291.48 万吨，定价总金额 408.20 亿元。与上年相比，种数下降 0.63%，平均期印数下降 7.03%，总印数下降 9.31%。其中，全国性和省级报纸 997 种，平均期印数 14685.11 万份，总印数 264.33 亿份，总印张 839.28 亿印张。占报纸总品种 52.64%，总印数 67.76%，总印张的 66.23%。与上年相比种数下降 0.80 个百分点，平均期印数下降 6.44 个百分点，总印数下降 8.62 个百分点，总印张下降 17.10 个百分点。地、市级报纸 878 种，平均期印数 4780.59 万份，总印数 124.93 亿份，总印张 426.32 亿印张；占报纸总品种的 46.36%，总印数的 32.03%，总印张的 33.64%。与上年相比种数下降 0.45 个百分点，平均期印数下降 8.81 个百分点，总印数下降 10.76 个百分点，总印张下降 21.17 个百分点。[①]《中国报业 2016 年发展报告》指出，面对新媒体的冲击，传统纸媒的广告刊登额、订阅数、发行量，出现了断崖式大幅下滑的局面。[②] 在 2016 年，我国传统报业的发行量缩水、报刊广告持续下滑，减版、停刊趋势此起彼伏。[③] 为了应对严峻的市场挑战，赢得发行量和更多广告利润，开辟

---

① 《2016 年全国新闻出版业基本情况》（http：//www.cssn.cn/xwcbx/xwcbx_ zxgg/2017 07/t20170725_ 3590299_ 7.shtml）。

② 陈国权：《中国报业 2016 年发展报告》（http：//chuansong.me/n/1402883052543）。

③ 马涛：《2016，中国报业发展录》，《中国报业》2017 年第 1 期。

新的生存空间，我国报业纷纷进军互联网与新媒体市场，广泛创办报纸网络版、建设网站，深度发掘网络资源，搭建移动社交平台，打造报网互动与融合新闻的传播格局。据不完全统计，2016 年我国至少有近 20 家副省级以上城市报业集团的客户端上线。至 2016 年年末，全国内地 31 个省、直辖市、自治区的党报集团中，除了宁夏、新疆和西藏三个自治区，其他已全部开通移动新闻客户端。①"人民日报""澎湃""新京报""浙江新闻""南方周末""读特""上游""并读""封面""界面""交汇点""财新""果壳""虎扑体育"等新闻客户端的成功表明报业的新媒体业务迈开了坚实的步伐。其中，"人民日报"稳居传统报纸"两微一端"传播力和影响力榜首。截至 2017 年 2 月，人民日报官方微博的粉丝量突破 5057 万，人民日报微信粉丝数突破 900 万，人民日报客户端累计自主下载量突破 1.6 亿次。随着报业融合传播的转型，近年来报业对传媒人才的能力需求产生变化。报业企业的新媒体业务产生新的媒介呈现方式。可视化效果、无人机新闻、机器人新闻、VR 等新兴传播技术需要新闻人才具备互联网思维，掌握全新的媒介技术。新的传播技术的采用使得报业企业岗位设置增多，在性质上也由过去常见的采编岗位、发行营销岗位、综合管理岗位发展到平面设计、影视动画制作、互联网产品运营、新媒体采编运营、网页设计制作、互联网美工设计、数据处理分析师、UI 设计师、舆情分析和产品经理等新兴岗位。

二 研究方法与内容

（一）研究问题

人才资源是第一资源。人才是先进生产力和先进文化的创造者和传播者，人才是经济社会发展中起着基础性、战略性和决定性作用的重要推动力量。在媒介融合背景下，我国报业企业面临巨大变革，传统报业人才需求不断锐减，报业企业增量业务需要人才具备新的专业能力。特别是自 2014 年 8 月中央全面深化改革领导小组第四次会议审议通过

---

① 辜晓进、张鑫瑶、徐蔓：《2016：中国报业"两微一端"战略新解读》，《新闻战线》2017 年第 1 期。

《关于推动传统媒体和新兴媒体融合发展的指导意见》以后，我国报业企业不断推进自身在内容、渠道、平台、经营、管理等方面与新兴媒体融合，涌现出了一大批发展强劲的报业集团。当前，我国报业正经历着一场深刻的转型升级之路，大数据、云计算、虚拟现实等新兴科技正不断地在新闻传播领域得到应用与开发，VR 新闻、融媒报道等新闻产品逐渐诞生，媒体融合已迈入深度融合发展期。深度融合背景下的报业对人才的能力结构需求也出现了拐点，传统的报业岗位逐渐减少，符合报业未来发展需要的新能力要求不断增长。新的历史背景下，我国报业企业对人才有什么需求，要求从业者具备何种学历，掌握什么技能、什么样的职业素养、什么性格或是品质，有什么语言能力要求，分布在哪些行业和领域？为了系统分析媒介融合背景下报业企业对人才的需求现状与未来走向，本文选取 2017 年 1 月至 6 月我国报业企业最新招聘信息为研究样本，通过词频分析方法探究报业企业对报业人才的能力要求，用数据揭示报业企业的人才选用标准。

（二）研究样本

本文选取 2017 年 1 月至 6 月的 180 家报业企业的招聘信息为研究样本，总字词符号数量达到 7 万有余。选择标准如下：（1）选择报业全面、具体，具备研究价值；（2）选择报业单位具有一定代表性，均为行业领域内的优秀单位；（3）选择报业单位具有一定受众规模和传播力、影响力；（4）选择中央报业与地方报业集团，既有党报报业集团，也有都市报报业集团，占比均衡；（5）选择报业单位地域尽可能分布广泛，有北京、上海、广东一线城市报业集团，也有二线城市报业集团，有东部报业集团，也有西部报业集团；（6）选择报业岗位分布均衡，既包括传统的采编岗位如记者、编辑与评论员，也包括报业融合发展急需的技术和运营等岗位。

样本来源主要是报社官方网站发布的招聘信息、专业招聘网站如前程无忧、智联招聘、中华英才网、拉勾网发布的报业单位招聘信息，微博"媒体招聘信息"发布的报业人才招聘信息以及"媒体招聘信息""新闻实习生""刺猬公社""AI 蓝媒汇"等微信公众号发布的报业单位人才招聘信息。招聘广告文本来源广泛，具有一定的覆盖面和代表性。

（三）研究方法

1. 词频统计

词是文献中承载学术概念的最小单位，词频统计是一种情报学的定量分析法。词频——反转文件频率，是一种基于情报检索和文本挖掘的常用加权技术，用来评估一个词对于一个文件或者一个语料库中的一个领域文件集的重要程度。传统文献分析法带有一定的个人偏好和主观经验，不一定可以窥探文献背后所隐藏的深层次意义。词频统计是指统计出某个文本中各个字词出现的次数与频率，作为一种科学的定量研究方法，词频统计分析可以透过现象看本质，具有一定的准确性、客观性、系统性、标准性，因而被广泛应用于人文社科领域多个学科的研究中，并且取得了非常丰硕严谨的研究成果。本文使用Python 编程语言，选择"做最好的中文分词组件"的"Jie ba"（结巴分词）中文分词库，利用计算机软件分词技术将汇集的招聘信息拆散成词组和单个字符，并对拆散的词组依照出现频率进行统计，将统计数值按照从大到小的顺序进行依次排列，词频统计通过对收集的180 家报业企业招聘信息，进行分词和 TF—IDF 词频统计，一共有词数 3310 个，包括半角符号和数字在内，词频统计排名前 100 位的词语见表 1。

2. 指标设计

基于 TF—IDF 词频统计结果仅为散乱词频数据，缺乏具体评价维度。本文人工设置如下维度：（1）前 18 位散乱关键词词频排名；（2）职业素养类词频排名，如能力、经验、负责等；（3）职业态度词语词频排名，如喜欢、热爱、积极、主动、激情等；（4）热门技能词汇词频统计排名，主要为 Photoshop、IOS、Edius、Office 等从业者所学技术类；（5）学历要求关键词词频统计排名，主要为专科、本科、硕士、博士，以研究分析用人单位对于从业者的学历要求；（6）招聘岗位类排名，主要有策划、记者、运营、编辑、摄像等，用以研究分析用人单位不同岗位的需求量；（7）媒介内容形式关键词词频统计排名，包括文字、视频、图片、动画等，用以研究分析用人单位对不同媒介呈现形态的需求；（8）语言能力关键词词频统计排名，包括汉语、英语、法语、日语等，用以研究分析用人单位对从业者的外语语言要求；（9）工作地区关键词词频排名，如北京、上海、广州等，用以研究分析媒体就业区域分布；（10）教育背景词统计排名，包含新闻学、传播学、美学等，用以研究分析用人单位对从业者学科背景能力要求。通过以上几个维度的关键词词频统计，总体分析我国报业对从业者的综合能力要求状况。

三　招聘信息文本词频统计分析与发现

表 1　TF—IDF 词频统计分析结果（前 100 位）

排名	词语	词频	频率
1	能力	483	0.971
2	新闻	438	0.8805
3	工作	415	0.8343
4	经验	378	0.7599
5	职位	340	0.6835
6	媒体	338	0.6795
7	学历	329	0.6614
8	编辑	314	0.6312
9	本科	280	0.5629
10	策划	260	0.5227
11	专业	255	0.5126
12	北京	246	0.4945
13	全职	201	0.4041
14	负责	190	0.382
15	地点	183	0.3679
16	报社	182	0.3659
17	良好	177	0.3558
18	记者	165	0.3317
19	设计	160	0.3217
20	招聘	158	0.3176
21	职责	158	0.3176
22	文字	154	0.3096

续表

排名	词语	词频	频率
23	发布	147	0.2955
24	采编	145	0.2915
25	沟通	145	0.2915
26	团队	139	0.2794
27	活动	138	0.2774
28	人数	138	0.2774
29	工资	137	0.2754
30	精神	133	0.2674
31	月薪	128	0.2573
32	计算器	118	0.2372
33	熟悉	116	0.2332
34	广告	115	0.2312
35	日期	112	0.2252
36	岗位	109	0.2191
37	客户	105	0.2111
38	内容	105	0.2111
39	补贴	99	0.199
40	熟练	99	0.199
41	带薪	96	0.193
42	功底	96	0.193
43	任职	94	0.189
44	年假	94	0.189
45	体检	93	0.187
46	传播	91	0.1829
47	合作	91	0.1829
48	网站	88	0.1769
49	行业	87	0.1749
50	制作	87	0.1749
51	软件	86	0.1729
52	运营	86	0.1729
53	绩效	82	0.1648
54	奖金	80	0.1608
55	踏实	80	0.1608

续表

排名	词语	词频	频率
56	管理	78	0.1568
57	执行	78	0.1568
58	独立	76	0.1528
59	责任心	76	0.1528
60	网络	75	0.1508
61	经济	74	0.1488
62	写作	72	0.1447
63	中文	71	0.1427
64	选题	70	0.1407
65	采访	69	0.1387
66	大学	69	0.1387
67	报道	68	0.1367
68	福利	68	0.1367
69	视频	68	0.1367
70	微信	68	0.1367
71	信息	68	0.1367
72	分析	66	0.1327
73	使用	66	0.1327
74	撰写	65	0.1307
75	报纸	64	0.1287
76	公司	63	0.1267
77	出版	62	0.1246
78	稿件	62	0.1246
79	中国	61	0.1226
80	美术	61	0.1226
81	资源	61	0.1226
82	保险	59	0.1186
83	财经	59	0.1186
84	创意	59	0.1186
85	采写	58	0.1166
86	时间	58	0.1166
87	项目	58	0.1166

续表

排名	词语	词频	频率
88	意识	58	0.1166
89	业务	54	0.1086
90	英语	54	0.1086
91	学习	53	0.1065
92	部门	52	0.1045
93	维护	52	0.1045
94	评论	50	0.1005
95	推广	50	0.1005
96	医疗	48	0.0965
97	交通	47	0.0945
98	平台	47	0.0945
99	扎实	47	0.0945
100	广州	46	0.0925

　　总体词语为3310个,包括英语在内。我们选取词频排名前100名关键词,人工排除"需要""以下""具备""时间"等无研究价值关键词语,其空缺由排名100位以后的词语补位。

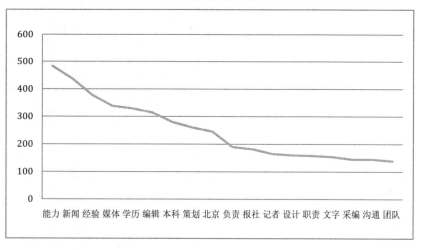

图1　关键词词频统计结果

对报业企业招聘广告文本的词频分析显示，排在前四的关键词有"能力""新闻""经验""媒体"。通过这一关键词词频，我们可以看出报业企业要求从业者具有一定的能力和专业素养，工作性质关键词主要为新闻、媒体。"有一线采访能力，相关工作经验"是普遍要求。其次，"学历""本科"关键词表明用人单位对从业者有一定的学历要求，主要学历要求为本科。"编辑""策划""记者"等与报业工作密切相关的关键词，说明报业主要工作是策划、记者和编辑新闻，这就勾勒出其大致职业轮廓与核心岗位需求。同时"负责""职责"等关键词表现目前报业对从业者职业态度的要求，伴随着较高的职业素养要求。另外，"沟通""团队"关键词强调报业从业者需要具有一定的团队协调能力和沟通能力。传统报业受新媒体技术发展的影响，人才需求有所变化。另外，报业是传统的媒体单位，其通讯、深度报道和特稿等产品要求从业者具备"深厚的文字功底和良好的语言驾驭能力，文辞优美，行文流畅"。可以说，在所有的媒体中，报纸和期刊对从业者文字能力的要求是最高的。

从图2可以看出，关键词中"能力""经验"等分别排名第一、二位，表明报业单位对从业者的工作能力和经验有比较高的要求，相反并没有出现"知识"这类关键词。可见，报业属于新闻传播行业，经验

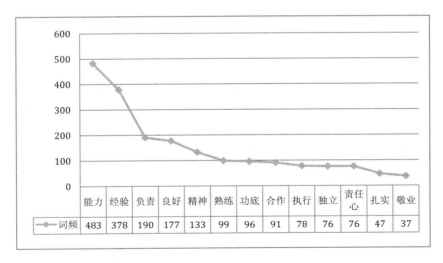

	能力	经验	负责	良好	精神	熟练	功底	合作	执行	独立	责任心	扎实	敬业
词频	483	378	190	177	133	99	96	91	78	76	76	47	37

图2　职业素养词频统计结果

和能力在工作中占据核心地位，由此启示传媒专业教育应该注重培养学生的实践能力，加强专业实习和经验积累。同时，"负责""精神""合作"等关键词排名靠前，表明报业重视从业者的负责态度以及团队合作精神。作为报业的从业者，需要和采访对象以及其他社会人群进行采访活动，这就需要从业人员具备一定的沟通能力。另一方面，"功底""扎实""敬业"等关键词表明报业单位突出对人才在职业素养的要求，报业从业人员均要具备扎实的基础职业素养。

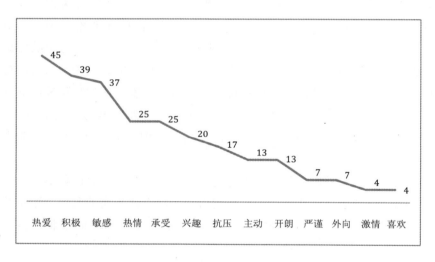

图3 职业态度词频统计结果

图3职业态度关键词词频统计中"热爱""积极""热情""兴趣"分列第一、二、四、六位，体现报业招聘需求中突出从业者对工作的职业情感。新闻工作时效性强，经常需要赶新闻时效，或者经常出差采访，生活不规律，这就需要从业人员对新闻工作有较浓厚的兴趣，热爱新闻事业，以充沛的热情从事报业新闻工作。另一方面"承受""抗压"等强调从业者要具备吃苦承压的性格品质。新媒体的快速发展对传统纸媒形成剧烈冲击，传统报业面临发行量、读者量、广告量的断崖式下跌和优秀报业人才严重流失，报业为了生存和追求进一步发展，经常需要赶时间加班，这就需要从业者具备一定的抗压能力。同时，"稳重""外向"体现出报业单位对纸媒新闻从业者性格方面的要求。

表 2　报业学历要求词频统计结果

排名	词语	词频	频率
1	本科	280	0.5629
2	硕士	42	0.0844
3	专科	19	0.0382
4	博士	1	0.002

　　报业企业学历要求词频统计结果显示，86％的报业单位招聘人才要求本科学历，13％的报业单位要求硕士学历。本硕学历共同占比为99％。通过梳理具体招聘广告，我们发现要求硕士学历的为人民日报、环球时报和南方周末等知名报业单位，而一般小的报业单位基本上没有硕士学历的硬性要求。发达城市报业单位从业者的学历门槛要求高且严格，而一般地区的报业单位对学历要求相对低且宽松，更加重视从业者的业务能力。传媒就业者想要进入一线报业单位，一般需要具备硕士学历或出身较好的本科学历。学历要求专科以上的主要集中在少量专业技术较强的岗位，比如剪辑或后期技术人员。至于"博士"在招聘信息中出现非常少，一般没有硬性要求。所以，报业从业人员只要具备本科或硕士学历即可满足报业单位的工作岗位需求，值

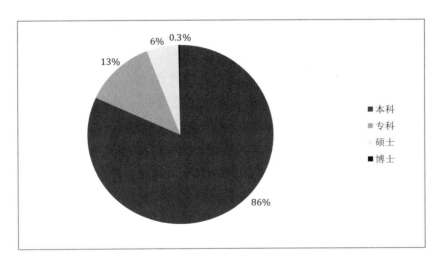

图 4　学历要求占比统计结果

得注意的是部分单位明确提出"211"或"985"院校要求。

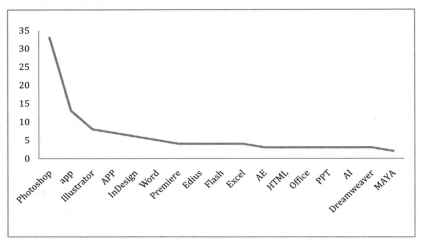

图5　热门软件技能词频统计结果

图5热门软件技能词频统计结果中，图片处理技术软件 Photoshop 位列第一，同为图片处理软件的 Illustrator 排名第三位，某报业招聘信息"熟练使用 PS，具备进行基础图片处理能力"，即使是招聘实习生，掌握图像处理能力的也会优先录取，表明报业单位对于传媒人才需求的一个重要技能就是图片处理技术。"读图时代"来临，很多报业单位的业务都涉及图片与广告设计等，这就需要相应岗位的工作人员具备一定的图片处理能力。后期方面特效制作软件 AE、Premiere、Edius 也是部分报业的基本要求。大视频时代，很多传统纸媒也开始进军视频领域，如新京报和腾讯合作的"我们"视频新闻节目。视频制作后期人才需求比较大，这也反映出视频逐渐成为报业的核心产品和业务。同时，很多报业单位都对从业者有一定的办公软件技术能力要求，这也是当今时代媒体工作的必备技能。总体分析看来，报业招聘信息表明用人单位对于从业者均有一定的软件技术能力要求，主要以图片处理软件为主，同时要求从业者具备一定的视频处理软件技能。重庆报业集团要求应聘人员具有"本科或以上学历，新媒体维护及运营，能拍摄微电影、制作视频等，懂 Photoshop、Premiere 操作，具有较强的文字功底及基本的美术知识和图片鉴赏能力，了解图片处

理相关软件；思维活跃，有责任心，对微信、微博运营兴趣浓厚，有较强的抗压能力"。一般而言，优秀的文字功底及基本美术知识和图片鉴赏能力，熟悉 Office、Photoshop、HTML 语言及视频制作流程；具有基本的视频选题策划能力，熟悉并能操作 AE、Edius 等视频剪辑软件，了解视频后期特效制作，有一定的拍摄技术及实践经验等要求是报业招聘的基本要求，反映了报业融合转型背景下的数字化人才需求新特征、新趋势与新动向。

值得注意的是，随着报业的数字化转型，未来报业单位的人才需求重点主要集中在新媒体人才方面，这与报业的数字融合业务战略方向是高度一致的。以重庆报业集团 2017 年招聘为例，可以看出数字化人才需求一边倒的趋势。重庆报业集团为深入推进融合发展，构建多元产业发展格局，2017 年大量延揽新媒体人才，岗位如表 3 所示。

表 3　"上游新闻"新媒体招聘岗位

序号	媒体	岗位	数量
1		大数据研发工程师	2
2		JAVA 开发工程师	1
3		IOS 开发工程师	2
4		前段工程师	3
5		Android 开发工程师	2
6		PHP 开发工程师	2
7		上游新闻驻万州、涪陵、黔江区驻站记者	3
8		产品经理	2
9		晨报传媒公司活动营销中心微信编辑	2
10	上游新闻	晨报传媒公司活动营销中心文案策划	2
11		晨报传媒公司策划总监	1
12		晨报传媒公司活动营销中心总经理	1
13		上游新闻微信编辑	2
14		上游新闻 APP 编辑	2
15		上游新闻视频拍摄	2
16		上游新闻视频编辑	2
17		上游新闻后期视频制作	1
18		上游新闻品牌中心推广策略	5
19		上游新闻品牌中心设计师	3

表 4 "上游财经"新媒体招聘岗位

序号	媒体	岗位	数量
1	上游财经	投融资部主任	1
2		财务中心副主任	1
3		人力资源中心副主任	1
4		初级 JAVA 工程师	1
5		JAVA 工程师	2
6		IOS 工程师	1
7		Android 开发工程师	2
8		UI 设计师	1
9		PHP 开发工程师	2
10		上游财经记者	10
11		上游财经编辑	6
12		Flash 动画制作师	2
13		高级数据分析师	5

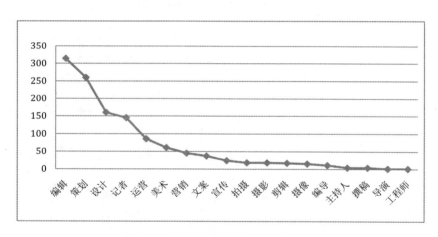

图 6 招聘岗位词频统计分析结果

图 6 报业企业招聘岗位词频统计数据显示，报业招聘岗位需求主要是"编辑""策划""设计""记者"等媒体核心职位，表明纸媒的基本人才需求仍然集中在记者、编辑和策划等岗位。报纸重视采编质量，在这种情况下，报业企业人才需求仍然以记者、编辑为主要需求对象，高素质的记者、编辑、评论员是报业集团的核心业务人才。好的新闻策

划人员，可以提高新闻的报道质量，加强新闻产品的竞争力，因此成为报业单位的核心人才资源。另外，"营销""宣传"和"运营"等岗位关键词排名靠前，表明在报业单位，从业者的主要工作就是通过自己的营销和宣传能力，帮助报业单位进行产品和服务的营销和运营，将其产品和品牌传播出去，最终目的是实现其经济效益和社会效益。这表明，在报业里，人才主要集中在记者、编辑等内容制作人员和运营、营销等推广运营人员两大方面。"导演""编导""摄像"等关键词表明报业单位对视频创作人才的需求逐年攀升。传统的单一能力不太胜任报业人才需求，而"一专多能"，既熟练掌握文字或文案策划能力，又掌握图片和视频拍摄处理能力的人才，必将备受报业的青睐。

　　报纸是倚重视觉传达的平面媒体，对美术设计有较高的要求，要求美编有良好的美术功底和创意能力，熟练使用 InDesign、Photoshop、Illustrator、HTML 5、Premiere、Dreamweaver、After Effects 等软件制作工具。随着媒体融合业务的开展，报业单位会越来越多地设置新媒体岗位，要求从业者具备新媒体的专业技能。如某报业集团招聘视频动画编辑，要求可独立完成影视片头及特效制作，可独立拍摄视频。平面设计岗位也称为视觉传达设计，是以"视觉"作为沟通和表现的方式，通过多种方式来创造和组合符号、图片和文字，借此做出用来传达想法或讯息的视觉表现。影视动画制作岗位是新媒体推广中运用 MAYA、Premiere、3DMax、Photoshop 软件制作影视三维动画，涉及影视特效创意、前期拍摄、影视 3D 动画、特效后期合成、影视剧特效动画等。互联网产品运营专员是报业新增加的岗位类型，要求员工运用网络对用户群体进行有目的的组织和管理，增加用户黏性、用户贡献和用户忠诚度，并配合市场运营需要实施活动方案策划。新媒体采编运营是协助社交媒体运营做信息策划、采编、编辑等相关工作，如微博、微信运营等。互联网美工设计岗位要求从业者熟悉各种平面设计软件，如 Photoshop、AI 等软件，完成美术视觉上的设计、排版等。平台开发工程师是从事 IT 产品运维平台软件研发相关工作人员的统称。数据处理分析师是专门从事行业数据搜集、整理、分析，并依据数据做出行业研究、评估和预测的专业人员。UI 设计师是从事对软件的人机交互、操作逻辑、界面美观的整体设计工作的岗位。运维平台研发工程师是须具备最基础的通用素质,如编程语言、数据库技术、缓存技术、分布式系统设计等,报业还需要具备一定的运维技术研究能力的专业人员。

报业单位工作所在地区占比统计数据显示,发布报业人才招聘信息的报业企业主要分布在北京、广州、深圳、上海等一线发达城市,这进一步说明我国报业媒体和集团主要集中在北、上、广、深等一线发达城市。这些城市不仅仅经济实力强,文化传媒产业也一样发达。江苏、南京、山东、福建、浙江等沿海省份报业人才需求相对西部内陆地区比较大,表明一线报业与二、三、四线报业人才需求具有极大的地域差异,一线报业实力强大,专业人才需求比较大,周边相关产业比较完善发达,对报业人才需求比较大。北京以 59% 的比例占据全国报业人才招聘的大半壁江山,众多招聘信息"工作地点仅限北京",其根本原因在于人民日报、光明日报、经济日报、新京报、中国青年报等知名报业集团分布在北京,对于工作城市有严格要求。另外,广州报业发展程度

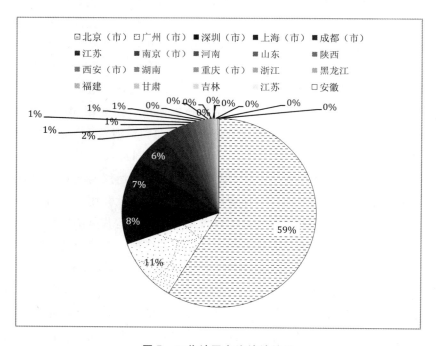

图 7　工作地区占比统计结果

高，主要源于广州发达的报业品牌企业，包括南方周末、南方都市报、羊城晚报、广州日报等报纸实力比较强，人才需求比较大。其他省份"安徽""吉林""甘肃"等词频统计结果为1%或小于1%，表明这些地方报业相对落后。总体而言，报业单位对于人才的需求与地区经济水平呈正相关。

核心产品形态词频统计结果显示，"文字"以156的高词频率一家独大，与其他媒介形式相差悬殊，也体现出报业对文字写作能力要求比较高，文字能力是报业人员的核心能力。另外，"视频"词频居于第二位，表明报业对视频处理能力要求比较高，规模比较大。随着新媒体的发展，传统纸媒深受新媒体的冲击，在媒介融合大背景下，部分纸媒纷纷投身新媒体怀抱，不再局限于提供纸质内容，而是寻求媒介形式的突破。比如《新京报》除了传统纸质版报纸出版，还投身于视频和直播内容制作。在新京报新媒体发展布局之下，其与腾讯合作"我们"短视频新闻节目，进行上千场新闻直播，凡是重大新闻处处皆有新京报记者的身影。位列第五位的"直播"，说明当前报业对于直播传播形式和内容需求比较大，人才需求量也随之增加。"动画"和"漫画"分列第七、八位，表明其仍然是报业重要的内容形式。动漫新闻、互动新闻、卡通新闻、虚拟主持人等新闻产品的制作需要动漫人才。我们可以看出，当前报业对于报业从业人才的媒介内容制作形式要求主要集中

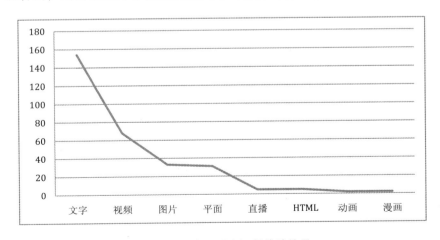

图8　核心产品形态词频统计结果

在文字和视频方面，这是最基本的能力要求。"动画""漫画""直播"位于媒介内容形式词频第二梯队，以其形象化、动态化、互动性等特点比较受到新媒体部门青睐，这方面的人才也是报业需求比较多的人才类型。

语言能力词频统计结果显示，部分报社对从业人员有一定的外语语言能力要求。其中，关键词"汉语""英语"占比最高，"英语水平优秀""英语一定要好""英语翻译能力过硬""有英文编译能力者优先""英语特长生优先"等信息，说明报社对外语语言能力的要求以英语语种为主。这也提示高校传媒教育者，切实正视并加强新闻传播类学生的语言能力，尤其是英语语言能力要求。关键词"外语"进一步印证报业单位对语言能力的要求，"外语"一般指涉"英语"。部分媒体还要求从业者具备一定的口语能力，尤其是一些实力比较强大的纸媒会进行一些海外采访，对记者的外语交流能力要求较高。另外，有些报纸有英文版，对采编人员的英语能力要求更高。

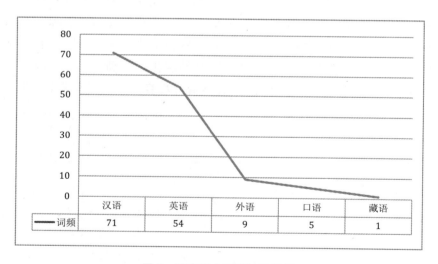

	汉语	英语	外语	口语	藏语
——词频	71	54	9	5	1

图9　语言能力词频统计结果

近年来，新闻传播业界和学界都在提出新闻传播从业者具备跨学科知识的要求，比如本科专业学习新闻学，研究生阶段可以学习其他专业。学科专业背景词频统计结果表明，报业单位招聘信息中明确要求招聘具有其他学科背景的传媒人才。从图 10 中我们可以看出，专业关键词"文学"排名第一位，表明报业对从业者文字功底要求比较高，要求具备一定的文字撰写和处理能力。"传播学"和"广告学"排名第三、十一位，表明报业对广告经营人才具有比较大的需求。随着我国经济快速发展和市场经济的完善，财经类媒体人才需求不断增加。由于财经金融类新闻所具有的专业性，要求该行业媒体工作者在具备基本新闻专业知识与能力的基础上，必须具备一定的经济学或金融学专业背景。另外，报业的双重性质，不仅仅传播信息提供新闻，而且还要盈利，这就导致报业对广告人才需求较多。法学、哲学、政治学、社会学、管理学等专业背景要求体现出报业对具备一定人文社会学科专业人才的大量需求，或是要求媒体应聘者具备该学科背景。为此，我国新闻传播类高等院校应该加强通识教育，坚持通识为"体"、专业为"用"，培养复合型新闻传播专业人才，有效提升学生专业素养，丰富知识结构，培养创新能力，为报业单位输出高质量传媒人才。值得注意的是，伴随着近年来大数据与数据可视化技术的应用，有媒体明确提出招聘统计学专业人才。媒介融合背景下，跨学科新闻传播人才就是市场上的宠儿，他们身上所具备的跨学科知识背景与思维方式，为媒体提供分析社会现象的专业视角。

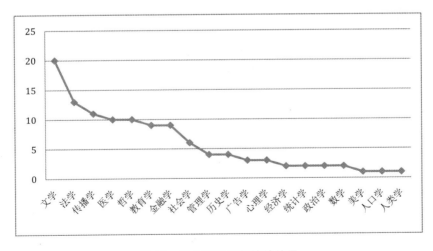

图 10 专业背景词频统计结果

四 结语

随着新媒体、新技术的迅猛发展，世界范围内传统报业正处在巨大的变革之中。目前我国很多报业集团都尝试了数字化转型，并努力与新媒体融合，力图拓展更广阔的生存空间。随着传统报业企业的进一步转型和发展，我国报业将会招募更多新媒体人才来发展增量的数字业务，建立专业的新媒体采编、技术、运营团队已经成为现实的选择。当前和今后一段时期，报业行业整体上对传统岗位的需求会逐步减少，对新媒体岗位的需求会大量增加。从本质上说，报业要突破重围，摆脱危机，实现传统媒体与新兴媒体的融合发展，甚至把内容革命性地转移到数字移动领域，归根结底要依靠人才队伍的融合发展与转型升级。报业集团要实现成功的战略转型，需要一大批新型报业人才去推动和实现。从近几年的报业企业人才招聘，我们看到大批与新媒体有关的岗位出现，如新媒体采编、音视频编辑、互联网美工设计、系统架构师、前端开发工程师、平台开发工程师、数据分析师等，上述岗位的专业能力需求已经大大颠覆了传统新闻传播学院的课程体系与训练系统，对新闻传播教育提出了严峻的挑战。新闻传播院校与新闻传播学子必须正视这种重大转变，理解媒介融合背景下人才需求的新动向，做出相应的调整，才能在报业转型的大变局中有所作为。

第三章 图书业人才能力需求报告

一 引言

图书业是我国文化产业的重要支柱产业，在国民经济和人民生活中具有重要的地位。新中国成立以来，我国图书业不断改革，不断发展，已经发展为一个出版大国。截至 2016 年年底，全国共有出版社 584 家（包括副牌社 33 家），其中中央级出版社 219 家（包括副牌社 13 家），地方出版社 365 家（包括副牌社 20 家）。2016 年全国共出版图书 499884 种（初版 262415 种，重版、重印 237469 种），总印数 90.37 亿册（张）。与 2015 年相比，图书品种增长 5.07%。[①] 近年来，我国出版业保持着良好的发展势头，不断探索数字出版的新模式，极大地丰富了出版的内容和形式。2016 年，数字出版继续保持高速增长，数字出版实现营业收入 5720.9 亿元，对全行业营业收入增长贡献超过 2/3，较 2015 年增加 1317.0 亿元，增长速度与增长贡献在新闻出版各产业类别中继续位居第一，已成为拉动产业增长"三驾马车"之首。此外，主题出版、自助出版、众筹出版等成为图书出版业的新兴业态。

当前，图书内容与服务融合成为常态，图书业与科技、通信融合成为出版产业发展的重要方向，一些图书出版新产品、新业态、新商业模式不断出现并走向成熟。出版技术飞速更迭，图书产业不断变

---

① 《2016 年全国新闻出版业基本情况》（http://www.cssn.cn/xwcbx/xwcbx_zxgg/2017 07/t20170725_3590299_3.shtml）。

革，由此造成市场对图书出版人才需求的内涵与外延开始发生重大调整。[①] 特别是数字出版业的持续发展，为图书出版业创造了许多数字技术岗位。如技术经理、产品经理、平面设计、数据库服务器运维人员、数字加工编辑等。可以说，现阶段我国图书出版业依然存在很大的人才缺口，尤其是能够适应数字出版和移动互联网技术的新型图书出版人才。出版类招聘广告信息能够精确反映图书行业对人才需求的最新的真实情况，可以作为分析图书行业人才需求的重要文献。本文选取 2017 年 1 月至 3 月"就业季"全国图书出版类招聘信息为研究样本，通过词频分析的方法，试图解析在数字出版大背景下，图书出版行业在学历、职业技能、语言能力、职业素养、性格品德等方面对人才提出的要求。

二　研究方法与内容

（一）研究问题

数字出版大背景下，传统图书出版业遭遇重大冲击，面临巨大变革，图书出版业对从业人员因而产生新的要求。数字出版大背景下，图书出版人才市场需求呈现什么样的现状？图书出版企业对编辑出版人才的学历有什么要求？一个合格的图书出版人才需要掌握哪些新兴编辑出版技术？摆在图书出版从业者面前的疑问有很多。大学编辑出版院系要如何设置课程体系、如何开展教学工作、如何培养学生不同类型图书出版技能与素质等问题也是高等院校编辑出版教学工作面临的突出问题。本章通过对图书出版类招聘信息的词频统计分析，用数据揭示图书出版业的人才选用标准和要求。

（二）研究样本

本文选取 2017 年 120 家出版类单位的招聘信息为研究样本，总体信息字符数量达到 6 万有余，包括国有出版社、民营出版公司、大学出

---

① 　魏玉山：《国家知识服务中心建设开始：2016—2017 年中国数字出版产业年度报告》，《中华读书报》2017 年 7 月 19 日第 6 版。

版社、行业出版社等出版业态。选择标准如下：（1）选择出版业态相对全面、具体，以期反映数字出版背景下新旧出版机构的人才需求总体特征；（2）选择出版企业具有一定代表性，均为行业领域内优质单位；（3）选择出版业态具有一定受众规模和出版力、影响力；（4）选择出版单位在国有出版集团、民营出版公司等行业分布较为均衡；（5）选择出版单位地域尽可能分布广泛；（6）选择工作岗位分布均衡，既包括编辑、发行、封面与版式设计等传统岗位，也包括技术、视频、运营、营销等新兴岗位。遵循这6条标准，从中选取120家图书出版单位招聘信息。招聘信息文本来源广泛均衡，具有一定的覆盖面和代表性。

（三）研究方法

1. 词频统计

词是文献中承载学术概念的最小单位，词频统计是一种情报学的定量分析法。词频——反转文件频率，是一种基于情报检索和文本挖掘的常用加权技术，用来评估一个词对于一个文件或者一个语料库中的一个领域文件集的重要程度。词频统计是指统计出某个文本中各个字词出现的词频数与频率，作为一种科学的定量研究方法，词频统计分析可以透过现象看本质，具有一定的准确性、客观性、系统性、标准性，因而被广泛应用于人文社科领域多个学科的研究中，并且取得了非常丰硕严谨的研究成果。本文使用 Python 编程语言，选择"做最好的中文分词组件"的"Jie ba"（结巴分词）中文分词库，利用计算机软件分词技术将汇集的招聘信息拆散成词组和单个字符，并对拆散的词组依照出现频率进行统计，将统计数值按照从大到小的顺序进行依次排列，词频统计通过对收集的120条出版类单位招聘信息，进行分词和 TF—IDF 词频统计，一共有词数3619个，包括半角符号和数字在内。

2. 指标设计

基于 TF—IDF 词频统计结果仅为散乱词频数据，缺乏具体评价维度。本文人工设置如下维度：（1）前20位笼统词频排名，主要为工作、能力、出版、负责、编辑等行业关键词排名；（2）职业素养类词频排名，如能力、经验、负责等；（3）职业态度词语词频排名，如喜欢、热爱、积极等；（4）热门软件技能词频统计排名，主要为词语 APP、UI、ERP、Linux、PS、Java、AI、Flash、PPT、Python 等从业者所学技术类；（5）学历要求关键词词频统计排名，主要为专科、本科、硕士、博士，以研究分析用人单位对于从业者的学历要求；（6）招聘岗位排名，主要有编辑、策划、发行、设计、营销、运营等，以研究分析用人单位不同岗位的需求量；（7）核心产品形态关键词词频统计排名，包括文字、视频、图片、动画、HTML 5、VR 等，用以分析单位对不同媒介呈现形态的需求；（8）语言能力要求关键词词频统计排名，包括汉语、英语等，用以研究分析单位对从业者的外语要求；（9）招聘单位工作地区关键词词频排名，如北京市、上海市、广州市等，用以研究分析出版单位就业区域分布；（10）学科专业背景类词统计排名，包含金融学、经济学、药理学、心理学、分子生物学、地理学、地质学、古生物学等，用以研究分析用人单位对从业者跨学科背景要求。通过以上几个维度的关键词词频统计，总体分析研究出版单位对从业者的基本需求状况。性别属于社会问题，不属于能力与人才培养问题，不在词频分析范围内。

三 招聘信息文本词频统计分析与发现

如图 1 所示，排名前 6 位的关键词有"内容""产品""能力""出版""负责""编辑"等。通过这一关键词词频统计分析结果，我们可以看出出版单位需求主要以"内容"和"产品"为主要导向，突出出版单位对编辑出版人才内容和产品两个方面的能力要求。这说明图书业的经营已经体现出互联网思维。招聘的工作岗位主要以编辑、策划为主，岗位需要相对传统。伴随着出版业进入数字时代，互联网技术、大数据技术等新兴技术的发展不断更新变革着传统出版模式，科技与出版的结合成为出版转型发展的核心推动力，这对出版机构和编辑出版从业者而言既是挑战也是机遇。同时，学历水平依然是出版机构招聘的重要指标，几乎所有出版机构均对学历有要求。

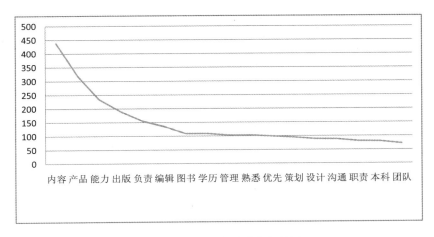

图 1　关键词词频统计分析结果

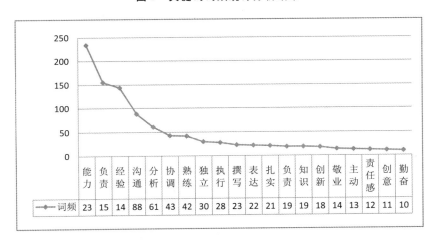

图 2　职业素养词频统计结果

　　图 2 显示，职业素养关键词中排在第一位的是"能力"，表明编辑出版人才市场要求应聘者首先要具备完成编辑出版工作的基本能力。其次是"负责"和"经验"，表明编辑出版人才市场对应聘者的经验和工作负责的态度有比较高的要求。由此，我们可以总结出编辑出版人才市场比较重视应聘者的实际工作经验和能力，编辑出版教育应该加强这方面的培养和训练。同时，"沟通""协调"两词分别排名第四位和第六位，反映了编辑出版人才市场对应聘者在人际交流中

的沟通协调能力的要求。现在很多编辑出版专业学生一门心思埋在书堆中，没有意识到人际交流能力的重要性，作为编辑几乎每天要与人打交道，人际沟通协调能力非常重要。优秀作者是图书出版业的核心生产力资源，对图书出版业来说，建立和维护良好的作者关系需要高超的沟通能力。后面的"扎实""敬业"等关键词表明编辑出版人才市场对职业态度的要求，出版业从业者应该具备较高的职业素养。

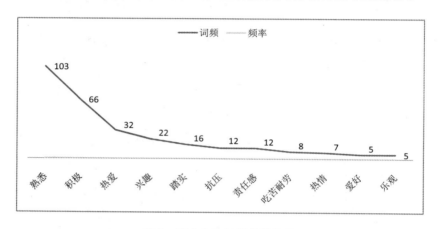

图3　职业态度词频统计结果

图3显示，职业态度关键词词频统计中"熟悉"排名第一位，说明编辑出版人才市场重视应聘者对编辑出版业务的熟练程度，希望求职者能够立即上手工作。"热爱"与"兴趣"排名第三位和第四位，与诸多行业人才需求一样，如果应聘者对于编辑出版行业缺乏热爱和兴趣，那就不是编辑出版人才市场需求的人才。只有喜欢才能够投入更多精力和时间去做这份工作，也才能够做得好、做得出色。实际工作中的编辑出版业务要求细致，也比较枯燥和辛苦。出版单位青睐那些吃得了苦、抗得了压力的优秀人才，普遍要求从业者具备较强的心理承压能力，以克服工作中面临的各种压力。图书编辑是一种"板凳要坐十年冷""替别人做嫁衣裳"的工作，一名图书编辑可能一辈子捧红不少名作者，自己却永远躲在幕后。吃苦耐劳，甘做幕后英雄是图书编辑必需的工作态度。另外，随着图书业竞争的加剧，图书出版业已告别了朝九晚五、不疾不徐的案头工作的单一性质，赶印期，抢

市场，熬夜加班也是常态，需要从业者具备抗压与乐观的心态。

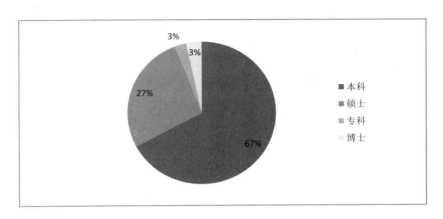

图4 学历要求占比统计结果

图4显示，学历要求词汇统计分析结果显示，编辑出版企业对于编辑出版人才的学历要求，其中"本科"词频统计结果为67%，硕士研究生学历近三成，词频统计占比为27%，总体上具备本科或硕士研究生学历就能够达到编辑出版人才市场的学历要求。通过梳理具体的招聘信息文本，我们发现，要求硕士学历以上的企业主要是商务印书馆、中华书局、中信出版社、人民教育出版社、清华大学出版社等著名国有出版社，而民营出版公司基本上没有硕士学历的硬性要求。著名出版社对于出版从业者的学历门槛要求高且严格，而民营出版公司对学历要求相对低且宽松。与其他传媒行业相比较，图书出版业担负着文化传承的重要责任，因此对编辑人员的文化素质要求偏高。特别在教育出版与专业出版领域，要求编辑要有一定的专业造诣才能胜任。可以说在整个传媒行业中，图书出版业从业人员的整体学历是最高的。不少图书出版社的编辑都具有博士学历。编辑出版专业学子想要进入著名出版社，一般需要具备硕士学历或出身较好的本科学历。至于博士虽然在招聘信息中有单位提出，但并没有一家有硬性要求。虽然如此，图书出版单位中拥有博士学历的编辑并不鲜见。编辑出版单位对人才学历的要求，符合当今社会的普遍需求，要求基本上都是硕士学历。

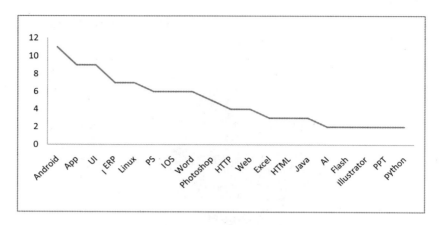

图 5 热门软件技能词频统计结果

图 5 显示，软件技能词汇词频统计结果中，Android、APP 分别位列第一、二，以及排名第七位同为手机系统的 IOS，表明图书出版业对移动开发技术人才的要求较大。某著名出版集团为代表的出版单位的招聘信息中提到"玩得转 PS，可以进行基本的图片处理与排版"，表明出版单位对从业者的图片处理能力要求比较广泛，尤其平面出版均要求从业者具备图片处理能力。HTTP、Web、HTML、Java、AI、Flash 等软件开发技术的需求较多，表明出版业对技术的要求越来越普遍。数字出版背景下，出版企业不仅仅需要内容编辑人才，更需要技术和产品开发人才。总体来看，出版单位招聘信息表明出版行业对于从业者技术能力需求扩大，主要是信息化办公软件技术人才，图片处理技术人才、程序开发技术人才、计算机语言人才等，由此启发编辑出版专业教育可以设置技术导向型的教学目标，培养学生扎实熟练的技术操作能力。

图 6 招聘岗位词频统计数据显示，出版单位招聘岗位需求主要是"编辑""策划""设计"等内容生产人才，表明内容创作处在出版业的核心地位。图书出版业人才需求以编辑、策划、设计、推广人才为主要方向，这种需求是与我国图书出版业的市场化程度密切相关的，由于民营资本与国外资本进入图书出版市场，图书出版业竞争加剧，图书能不能取得市场成功，与策划编辑提交的选题密切相关。此外，"营销""运营""推广"类经营人才需求也比较大，显示在我国图书出版业从"卖方市场"转入"买方市场"的"滞胀"市场环境下，图书出

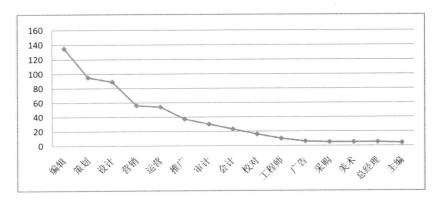

图 6 招聘岗位词频统计结果

版机构对经营人才的强烈需求。从出版招聘岗位词频统计的数据来看，大量出版公司将运营和营销人才作为招聘重点。为了契合数字出版的发展要求，出版业不仅仅需要内容人才，更需要将内容卖出去并卖出好价钱的销售人才。值得注意的是，不管是国有出版企业，还是民营出版公司，均有一定 IT 人才需求，比如"工程师""编程"人才。现阶段出版行业不再仅仅着眼于内容生产，更是将注意力集中在技术开发与产品研发方面。传统的单一编辑能力不太能胜任出版人才的现实需求，而既熟练掌握内容生产等基本能力，又掌握运营推广能力的人才备受青睐。

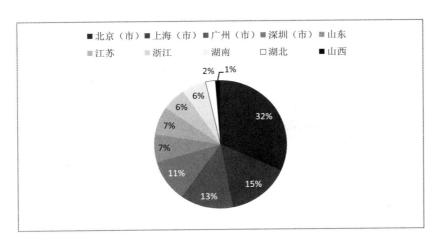

图 7 工作地区占比统计结果

　　图 7 招聘单位所在地区占比统计数据显示，编辑出版人才市场主要分布在北京、上海等一线发达城市，与之相对西北、西南等省市人才需求非常少，尤其缺少大规模的公开招聘。这一现象说明我国编辑出版产业存在较强的地区差别，主要产业分布都集中在一线经济发达城市。同时，东南沿海地区出版人才需求比较旺盛，西北、西南、东北和中部地区出版人才招聘需求极少。在这些地区中北京对于编辑出版人才的需求占全国的三成以上，占比为 32%，有些出版单位的招聘信息中明确表明只限北京，根本原因在于北京发达的文化教育产业和数量庞大的科研教育机构。跟随在北京之后的是上海，编辑出版人才需求占比为 15%，这背后有上海发达的经济和教育产业做强力支撑。山东、湖南、江苏三省是出版大省。山东出版集团旗下拥有山东人民出版社、山东教育出版社、山东科技出版社、明天出版社、齐鲁书社等 11 家出版社。湖南中南出版传媒集团股份有限公司下涉湖南出版中心分公司、中南出版传媒集团股份有限公司、湖南教育出版社分公司、湖南人民出版社有限责任公司、湖南文艺出版社有限责任公司、湖南岳麓书社有限责任公司、湖南科学技术出版社有限责任公司、湖南少年儿童出版社有限责任公司、湖南美术出版社有限责任公司、湖南电子音像出版社有限责任公司、湖南天闻新华印务有限公司、湖南潇湘晨报传媒、湖南天闻动漫传媒有限公司、中南出版传媒集团北京涌思图书有限责任公司、天闻数媒科技（北京）有限公司等。江苏凤凰出版传媒股份有限公司辖全资、控股公司 209 家，参股公司 15 家。其所属 20 多家出版机构中有 6 家出版社进入中国百佳出版社行列。江苏凤凰出版传媒股份有限公司、中南出版传媒集团股份有限公司和中文天地出版传媒股份有限公司 3 家公司资产总额、营业收入和所有者权益均超过百亿元，共同组成"三百亿"公司阵营。这些巨型出版集团对人才具有很强的需求。此外，广州的编辑出版人才需求占比 13%，深圳的编辑出版人才需求占比 11%，广东省的这两个大城市的编辑出版人才需求总和占全国的 1/4。总结上述词频统计数据，我们不难发现编辑出版产业人才需求主要集中在一线城市或出版大省和出版强省，尤其是经济、文化发展比较领先的地区。对于编辑出版应聘者来说，一线城市可以提供丰富优质的就业机会、薪资待遇和发展前景。

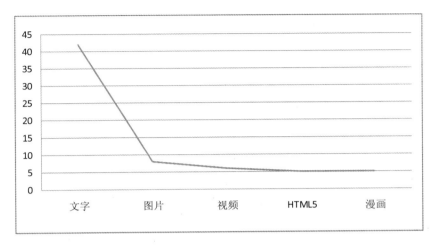

图 8 核心产品形态词频统计结果

图 8 核心产品形态词频统计结果显示，"文字"一家独大，说明在数字出版时代，文字依然是出版形态的核心形式。"文字"排名第一，体现文字仍然是人们阅读学习的基本形式，跟随其后的是"图片"这一普遍应用的内容载体，这背后是近年摄影技术和互联网技术的发展，"读图时代"，读者对于图片的需求非常大。当然，也不能无视图书出版领域细分的图文书出版类型，它对高质量的图片生产与应用有很高的要求。另外，随着这几年新媒体技术的变革，词频统计中出现了诸如"漫画""HTML 5"等新兴媒介形式，这就要求编辑出版教育务必紧跟媒介技术发展，培育学生掌握新兴编辑出版技术，才能够在编辑出版产业变革时代占有主动权。图书出版业近年来受数字出版和新媒体技术变革的影响，增加了很多新岗位人才需求，高等院校编辑出版教学也要顺时而变，增加相应的新技术编辑出版课程或专业，培养面向出版人才市场需求的高素质编辑出版人才。

图 9 编辑出版人才语言能力的词频统计结果表明，编辑出版人才市场需求一个突出的特点就是外语语言能力的要求比较高，在语言能力的统计数，频频出现"英语"这一词汇，不少出版类单位的招聘信息中明确写出"英语水平特别高""英语必须过六级""具备过硬的英文翻译和编译能力"等，说明对外语语言能力的要求以英语语种为主，这

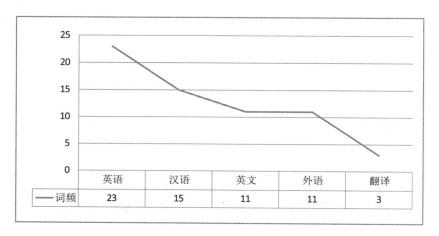

	英语	汉语	英文	外语	翻译
词频	23	15	11	11	3

图 9　语言能力词频统计结果

也提示编辑出版教育者，切实正视并加强编辑出版学生的语言能力，尤其是英语语言能力。外语出版的编辑必须具备外语专业背景。版权贸易也需要大量的外语人才，图书版权贸易未来还有一定的人才缺口。改革开放 40 年来，我们国家的经济发展取得巨大成就，中国文化和中国的出版物频频出现在全球各国。但是，我们必须清醒的是我国是一个文化大国，但还不是一个文化强国，我国的文化软实力和文化影响力还比较弱。要增强文化软实力和国际影响力，势必要加强对国外优秀科学文化的学习，同时更要让中国文化传播出去，那么势必要打通语言关，作为国际常规通用语言的英语就显得极为重要。反思高等院校，编辑出版教育要加强学生的英语和小语种语言能力教育和培养，尤其注意培养具备外语语言背景的复合型人才。

　　图 10 专业背景词频统计结果表明，编辑出版单位招聘信息中要求招聘具有专业学科背景的出版人才。从图 10 中我们可以看出，专业关键词"金融学""经济学"分别位列词频统计的第一和第四，体现了我国市场经济发展大潮中，读者对经济金融知识的需求比较旺盛，经济、金融、管理类图书受到市场的追捧。随着市场经济的发展和完善，金融财经类出版人才需求不断增加。紧跟其后的是药理学、分子生物学、美学、教育学、地理学、地质学、工程学、古生物学、光学、化学，表明对垂直领域专业人才的需求，出版应聘者必须具备该学科背景。为此，

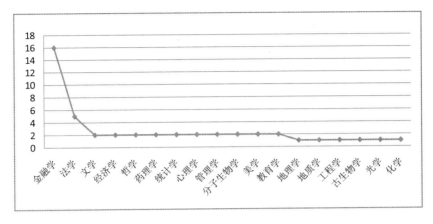

图10 专业背景词频统计结果

我国编辑出版类专业院系一方面要加强通识教育，注重培养具备跨专业学科背景的跨学科人才；另一方面坚守本科专业教育，培养编辑出版专业学生扎实的出版专业基础，精湛的出版实务，出色的出版技术能力，为出版单位输出高质量的编辑出版人才。

四 结语

数字出版技术的迭代引发了出版方式和出版格局的重大变革，不管是国有出版集团还是民营出版公司，越来越表现出对"对口人才"和"适用人才"的渴望。对于出版产业而言，其对适用人才的需求可谓"众里寻他千百度，峰回路转招优才"。当前和今后一个时期，我国出版行业人才问题，供给和需求两侧都有，但矛盾的主要方面在供给侧。一方面，一些编辑出版专业毕业学生找不到工作；另一方面，诸多出版单位出现人才荒。事实证明，我国出版人才不是需求不足，或没有需求，而是需求变了，供给的出版人才却没有变，学生的观念、技术、能力跟不上，不能满足不断更迭演变的出版产业发展需求。有效供给能力不足导致严重的"供需矛盾"。解决出版人才结构性问题，必须推进编辑出版人才供给侧改革。

随着新出版技术的发展，在数字出版发展大趋势下，高校编辑出版教育也面临变革，社会需要什么样的人才、需要什么技能是摆在编辑出版学高等教育面前的一个大问题。本研究通过词频数据分析出版行业用人单位对从业人员在学历、职业技能、语言能力、职业素养、性格品德等方面的要求，进行归纳总结。不同图书出版单位、不同院校的出版院系都应该创新思维，去探索、尝试适合自己、适合出版人才市场需求的人才招纳与培养模式。

第四章　期刊业人才能力需求报告

一　引言

2016 年全国共出版期刊 10084 种，平均期印数 13905 万册，总印数 26.97 亿册，总印张 151.95 亿印张，定价总金额 232.42 亿元。其中，综合类期刊 365 种，平均期印数 851 万册；哲学、社会科学类期刊 2664 种，平均期印数 6861 万册；自然科学、技术类期刊 5014 种，平均期印数 2496 万册；文化、教育类期刊 1383 种，平均期印数 2679 万册；文学、艺术类期刊 658 种，平均期印数 1019 万册；儿童期刊 212 种，平均期印数 63 万册；动漫期刊 40 种，平均期印数 255 万册，总印数 8218 万册。[①] 随着我国期刊管理体制改革的不断深入，办刊目的越来越多元化，期刊经营越来越市场化。时政类、财经类、时尚类杂志是我国大众期刊业的主流，长期需要一批拥有专业知识背景的记者和具备强烈个人风格的编辑来形成杂志风格，参与市场竞争。

近年来，中国互联网的普及率日益提高，无线通信技术及其应用快速发展，互联网、广播电视网、电信网"三网融合"的进程不断加快，智能手机、电子书等各类新兴阅读载体纷纷涌现，信息传播载体和技术的变化，与读者阅读习惯、阅读需求的变化相互作用，把我国期刊业带入了一个更加复杂多变、充满挑战的新环境。传统期刊业不可避免地与数字出版相关产业捆绑在了一起。积极推动包括期刊业

---

① 《2016 年全国新闻出版业基本情况》 （http://www.cssn.cn/xwcbx/xwcbx_ zxgg/201707/t20170725_ 3590299_ 3. shtml）。

在内的新闻出版产业实现数字化转型，改进内容生产方式、创新信息传播手段、改革经营管理模式、加强新媒体管理成为期刊业发展的必由之路。伴随全媒体的发展，我国期刊业需要大量产品经理和技术人员，可以说，新媒体人才是期刊业人才增补的核心。本章选取 2017 年 2 月至 6 月我国期刊社招聘信息为研究样本，通过词频分析期刊单位对期刊编辑人才在学历、职业技能、语言能力、职业素养、性格品德等方面的要求，试图总结其"人才画像"，为相关机构与个人提供一些参考。

二　研究方法与内容

（一）研究问题

数字出版新背景下，我国期刊业面临巨大变革。期刊业面对数字时代的冲击，对人才具体有何要求，有没有一个量化的指标或数据，要求从业者具备何种学历，掌握什么技能，什么样的职业素养，什么性格或是品质，有什么语言能力要求，分布在哪些行业和领域，这是摆在期刊从业者面前的一个重要问题。本章通过对期刊业招聘信息的词频统计分析，用数据揭示期刊业的人才选用标准和要求。

（二）研究样本

本文选取 2017 年 2 月至 6 月的 190 家期刊社的招聘信息为研究样本，总字词符号数量达到 5 万有余。选择标准如下：（1）选择期刊全面、具体，具备研究价值；（2）选择期刊主要为面向市场的大众期刊，科技期刊等其他专业期刊不在研究范围内；（3）选择期刊具有一定受众规模和传播力、影响力；（4）选择的期刊有时政期刊、时尚消费类期刊、IT 类期刊、历史文化类期刊、文学期刊等；（5）选择期刊地域尽可能分布广泛；（6）选择期刊岗位分布均衡，除了传统的采编与设计岗位，还包括新兴的技术、运营等岗位。遵循这 6 条标准，从中选取 190 家期刊社招聘信息。

样本来源主要是期刊社官方网站发布的招聘信息、专业招聘网站发布的期刊传播人才招聘信息，以及微博"媒体招聘信息"发布的期刊社社会招聘信息，微信公众号"媒体招聘信息""新闻实习生""刺猬公社"等发布的期刊社招聘信息。招聘信息文本来源广泛，具有一定的覆盖面和代表性。

（三）研究方法

1. 词频统计

词是文献中承载学术概念的最小单位，词频统计是一种情报学的定量分析法。词频——反转文件频率，是一种基于情报检索和文本挖掘的常用加权技术，用来评估一个词对于一个文件或者一个语料库中的一个领域文件集的重要程度。传统文献分析法带有一定的个人偏好和主观经验，不一定可以窥探文献背后所隐藏的深层次意义。词频统计是指统计出某个文本中各个字词出现的次数与频率，作为一种科学的定量研究方法，词频统计分析可以透过现象看本质，具有一定的准确性、客观性、系统性、标准性，因而被广泛应用于人文社科领域多个学科的研究中，并且取得了非常丰硕严谨的研究成果。本文使用 Python 编程语言，选择"做最好的中文分词组件"的"Jie ba"（结巴分词）中文分词库，利用计算机软件分词技术将汇集的招聘信息拆散成词组和单个字符，并对拆散的词组依照出现频率进行统计，将统计数值按照从大到小的顺序进行依次排列，词频统计通过对收集的 190 家期刊社招聘信息，进行分词和 TF—IDF 词频统计，一共有词数 2979 个，包括半角符号和数字在内，词频统计排名前 100 位的词语见表 1。

2. 指标设计

基于 TF—IDF 词统计结果仅为散乱词频数据，缺乏具体评价维度。本文人工设置如下维度：（1）前 19 位散乱关键词词频排名，如能力、期刊、经验等；（2）职业素养类词频排名，如能力、经验、负责等；（3）职业态度词语词频排名，如喜欢、热爱、积极、主动、激情等；（4）热门软件技能词汇词频统计排名，主要为 Photoshop、IOS、Edius、Office 等从业者所学技术类；（5）学历要求关键词词频统计排名，主要为专科、本科、硕士、博士，以研究分析用人单位对于从业者的学历要求；（6）招聘岗位关键词排名，主要有策划、运营、编辑等，以研究分析用人单位不同岗位的需求量；（7）核心产品形态关键词词频统计排名，包括视频、图片、动画等，用以研究分析用人单位对不同媒介呈现形态的需求；（8）语言能力关键词词频统计排名，包括中文、英文等，用以研究分析用人单位对从业者的外语语言要求；（9）招聘单位工作地区关键词词频排名，如北京、上海、广州等，用以研究分析媒体就业区域分布；（10）专业背景词频统计排名，包含广告学、传播学、新闻学等，用以研究分析用人单位对从业者学科背景能力要求。通过以上几个维度的关键词词频统计，总体分析研究媒体对从业者的各项基本需求状况。

三 招聘信息文本词频统计分析与发现

表 1 TF—IDF 词频统计分析结果（前 100 位）

排名	词语	词频	频率
1	工作	548	1.1992
2	经验	418	0.9147
3	编辑	412	0.9016
4	能力	382	0.8359
5	媒体	307	0.6718
6	学历	279	0.6105
7	本科	235	0.5143
8	杂志社	233	0.5099
9	策划	231	0.5055
10	北京	220	0.4814
11	负责	200	0.4377
12	全职	186	0.407
13	杂志	173	0.3786
14	文字	172	0.3764
15	新闻	170	0.372
16	岗位	169	0.3698
17	沟通	157	0.3436

续表

排名	词语	词频	频率
18	专业	156	0.3414
19	完成	150	0.3282
20	补贴	149	0.3261
21	设计	144	0.3151
22	招聘	139	0.3042
23	性质	139	0.3042
24	良好	138	0.302
25	类别	134	0.2932
26	月薪	132	0.2889
27	发布	129	0.2823
28	管理	128	0.2801
29	采编	120	0.2626
30	精神	116	0.2538
31	团队	116	0.2538
32	出版	113	0.2473
33	运营	110	0.2407
34	行业	107	0.2342
35	奖金	104	0.2276
36	熟悉	101	0.221
37	带薪	98	0.2145
38	网站	92	0.2013
39	年假	91	0.1991
40	记者	89	0.1948
41	绩效	89	0.1948
42	体检	89	0.1948
43	选题	85	0.186
44	中国	85	0.186
45	活动	84	0.1838
46	客户	84	0.1838
47	信息	80	0.1751
48	功底	76	0.1663
49	熟练	76	0.1663
50	执行	75	0.1641
51	组稿	72	0.1576

续表

排名	词语	词频	频率
52	福利	70	0.1532
53	合作	67	0.1466
54	推广	67	0.1466
55	撰写	67	0.1466
56	独立	66	0.1444
57	写作	66	0.1444
58	微信	65	0.1422
59	专题	63	0.1379
60	采访	62	0.1357
61	补助	60	0.1313
62	热爱	57	0.1247
63	发展	55	0.1204
64	制作	55	0.1204
65	稿件	54	0.1182
66	维护	54	0.1182
67	计算器	53	0.116
68	栏目	53	0.116
69	组织	53	0.116
70	美术	52	0.1138
71	资源	51	0.1116
72	规模	50	0.1094
73	中文	50	0.1094
74	创意	49	0.1072
75	大专	47	0.1029
76	作者	47	0.1029
77	产品	46	0.1007
78	积极	46	0.1007
79	协助	46	0.1007
80	营销	45	0.0985
81	视频	44	0.0963
82	项目	44	0.0963
83	传播	42	0.0919
84	广告	42	0.0919

续表

排名	词语	词频	频率
85	品牌	42	0.0919
86	艺术	42	0.0919
87	技术	41	0.0897
88	敬业	41	0.0897
89	企业	41	0.0897
90	责任心	41	0.0897
91	方案	40	0.0875
92	期刊	38	0.0832
93	协调	38	0.0832
94	报道	37	0.081
95	表达	36	0.0788
96	服务	36	0.0788
97	大学	35	0.0766
98	工程	35	0.0766
99	文化	35	0.0766
100	销售	35	0.0766

总体词语为 2979 个，包括英文在内。我们选取词频排名前 100 名关键词。

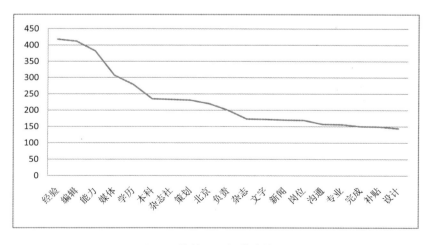

图 1　关键词词频统计结果

　　图 1 关键词词频统计排名前 19 位结果显示，期刊行业用人单位关键词有"经验""编辑""能力""学历""本科""策划"等。通过这一关键词词频，我们可以看出期刊行业用人单位需求主要以"经验""能力"为主要导向。期刊业工作属于实践偏向型行业，招聘信息词频统计验证了杂志社等对从业者实践能力和工作经验的重要性。工作岗位需求主要以编辑、策划为主，同时"负责""专业"等关键词表明了目前期刊行业对从业者态度的要求，同时伴随着对职业素养的高要求。传统期刊受新媒体技术发展的影响，人才需求有所变化，但是核心人才需求主要集中在"编辑""策划""设计"这一期刊传统三大岗位，这也显示新媒体传播时代，传统编辑、策划和设计人才依然是硬需求，对于有意成为期刊社工作的传媒从业人员而言，务必掌握这些核心岗位所需技能和经验。

　　关键词中"经验""能力"等分别排名第一、三位，表明期刊对从业者的工作能力、经验和工作熟悉程度有比较高的要求，相反并没有出现"知识"这类关键词。可见，期刊编辑出版工作以应用为导向，面向期刊业的传媒教育应该注重培养学生的实践能力，加强实习和经验积累。同时，"负责""专业""功底"等关键词排名靠前，表明期刊重

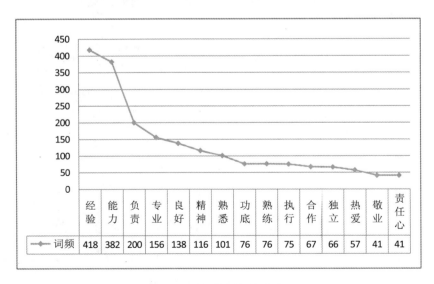

	经验	能力	负责	专业	良好	精神	熟悉	功底	熟练	执行	合作	独立	热爱	敬业	责任心
词频	418	382	200	156	138	116	101	76	76	75	67	66	57	41	41

图 2　职业素养词频统计结果

视从业者的责任心和专业能力。作为期刊制作运营人才，需要和众多作者、专家等专业人才进行交流沟通，这就需要从业人员具备一定的交流能力和团队合作意识。另一方面，"热爱""敬业"等关键词表明期刊招聘突出对职业素养的要求，期刊从业者应该具备扎实的基础职业素养。

　　图3职业态度词频统计中"热爱""积极""兴趣"分列第一、二、三位，体现期刊招聘突出从业者对工作的感情态度。期刊的工作不同于专业媒体工作，每天都需要与该领域的专业人员和内容打交道，要求从业者对相应的期刊细分领域有比较强的兴趣和爱好，积极从事相关期刊工作。另一方面，"承受""抗压"等强调从业者要具备吃苦承压的坚强性格品质。不同于专业传媒机构分工非常细化，期刊从业者要求既可以撰写文字，也可以拍摄照片修照；既要拍摄剪辑视频，也要排版发布；这就需要从业者具备一定的抗压能力，能够同时胜任多份工作。同时，"喜爱""喜欢""激情"体现出期刊用人单位对从业者工作积极主动性的职业素养要求。

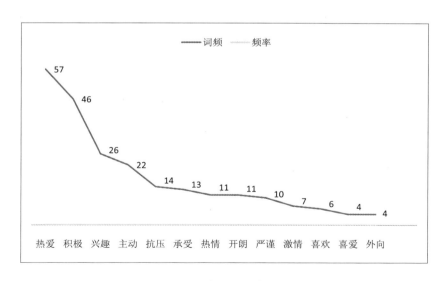

图3　职业态度词频统计结果

表 2　学历要求词频统计结果

排名	词语	词频	频率
1	本科	235	0.5143
2	硕士	2	0.0481
3	专科	2	0.0044

期刊业从业人员学历类词汇统计分析结果显示，98%的期刊招聘人才要求本科学历，1%的期刊要求硕士学历。本硕学历共同占比为99%，也就是说期刊用人单位一般要求具备本科学历即可。学历要求为专科以上的主要集中在摄影、剪辑等专业技术较强的岗位，至于"博士"在招聘信息中没有单位提出，不做硬性要求。所以，期刊杂志从业人员只要具备本科或硕士学历即可满足相关机构期刊工作岗位需求。需要注意的是部分单位明确提出"211"或"985"院校要求，存在一定的学校歧视问题。

图 5 软件技能词频统计结果中，图片处理技术软件 Photoshop 位列第一，排名第二位同为图片处理软件的 Illustrator。某杂志社招聘信息提到"熟练使用 PS，具备进行基础图片处理能力"大多期刊招聘信息中

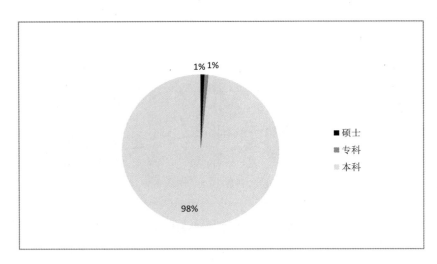

图 4　学历要求占比统计结果

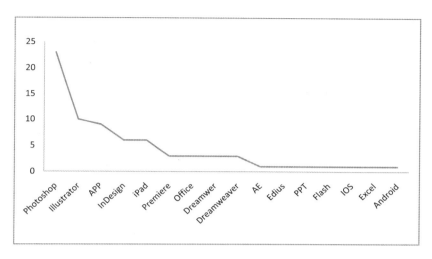

图 5 热门软件技能词频统计结果

均提出具备熟练使用 PS 等图像处理软件能力，说明期刊对于传播人才
要求的一个重要技能就是图片处理技术。期刊对图片质量要求比较高，
另外现在很多期刊都开设有自己的微信和微博客户端，独立进行信息发
布和传播。社交媒体的阅读除了文字，另外重要的一方就是图片，这就
需要相应岗位的工作人员具备一定的图片处理能力。后期方面，特效制
作软件 AE 以及剪辑软件 Premiere、Edius 也是很多期刊的基本要求，尤
其是在大视频时代，很多期刊也制作视频内容，视频制作后期人才需求
比较大。当前，不少期刊选择使用视频进行内容传播，尤其在短视频兴
起的这几年，期刊社拥有一定的优势进行短视频制作和传播，对人才的
视频剪辑和处理能力有一定需求。总体来看，期刊社招聘信息表明，用
人单位对于从业者均有一定的软件技术能力要求，主要以图片处理软件
为主，同时部分期刊社要求从业者具备一定的视频处理软件技能。技术
是第一生产力，其渗透力是全方位的，任何传播的进行都不能置身于技
术化的浪潮之外。

　　图 6 招聘岗位词频统计数据显示，期刊招聘岗位需求主要为"编
辑""策划""运营""记者""营销"等媒体核心职位，人才需求主要
为"记者""编辑"等媒体核心内容创作人才，这也体现出期刊对内
容创作人才需求最大。当前的期刊人才需求中，记者和编辑等核心岗位

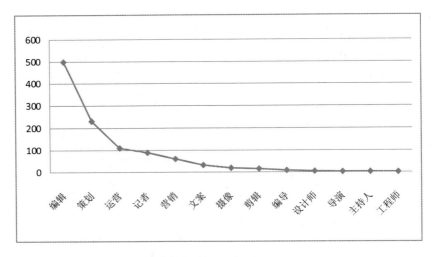

图6 招聘岗位词频统计结果

人才需求较大，"策划""营销""文案"等岗位关键词排名靠前，体现出在期刊行业除了需要内容创作人才，还需要大量推广营销人才。注意力经济时代，不能只是闷头做内容，还要懂得营销和推广。随着新媒体技术的发展，越来越多的期刊社纷纷开设自己的微信公众号和官方微博，开展一系列营销活动。"剪辑""摄像""编导"等人才需求统计结果说明在大视频时代，期刊社不再仅仅局限于传统单纯的文字和图片传播，而是开始开发和挖掘视频内容传播价值。尤其是在短视频时代，视频播出平台的普遍和简易，使得很多期刊社都可以制作和传播视频内容，促使期刊对视频拍摄和剪辑加工人才需求的增加。分析表明，传统的单一能力不太胜任期刊人才需求，而"一专多能"，既熟练掌握文字或文案策划能力，又掌握图片和视频拍摄处理能力的人才，必将备受期刊的青睐。大多数的期刊重视视觉传达，因此期刊对美编和设计人员的需求一直比较稳定。

图7工作地区占比统计数据显示，发布期刊人才招聘信息的机构主要分布在北京、上海、广州、深圳等一线发达城市，表明发达地区期刊行业发展比较强大，对于期刊从业人才需求比较旺盛。另外，期刊业具有一定的地域差异，一线城市期刊发展迅猛，对人才需求比较大。东南沿海地区人才需求比较旺盛，西北、西南、东北和中部地区期刊人才需

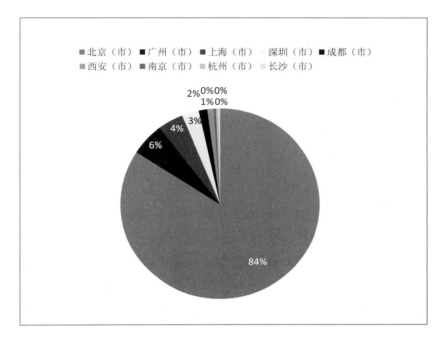

图7　工作地区占比统计结果

求相对比较小。其中，北京以84%的比例占据期刊人才招聘的大半壁江山，众多招聘信息"工作地点仅限北京"，对于工作城市有严格要求，主要因为北京有较为集中的党政机关和大型文化事业单位。另外表现突出的是"广州"占比6%，发达的经济和开阔的国际视野，尤其是南方报业集团的强大，使得广州的期刊业比其他城市强，人才需求比较大。其他地区里"上海""深圳""成都""南京""西安""长沙"词频率各为1%，表明非一线城市较为落后的期刊行业发展现状，对人才需求较少。总体而言，期刊业的人才需求与地区经济、政治和文化水平呈正相关。

核心产品形态词频统计结果显示，"文字"一家独大，与其他媒介形式相差悬殊，也体现文字依然是期刊行业最主要的媒介形式，这与我们当前的感受是一致的，不管是期刊还是杂志，主要还是依靠文字进行信息传播。"图片"和"视频"分列第二、三位，表明视图开始成为期刊业主要的内容形式。我们可以看出，当前期刊对于人才的媒介内容

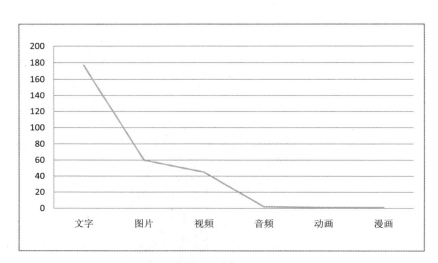

图 8 核心产品形态词频统计结果

制作形式要求主要集中在文图和视频方面，这是最基本的能力要求。"动画""音频""漫画"位于"核心产品形态"词频第二梯队，以其形象化、动态化、互动性等特点比较受新媒体传播青睐，这方面人才也是期刊需求比较多的人才。

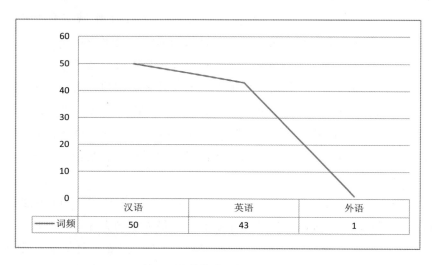

图 9 语言能力词频统计结果

　　图9语言能力词频统计结果显示，部分期刊对从业人员有一定的外语语言能力要求。其中，关键词"英语""英文"占比最大，"英语水平优秀""英语一定要好""英语翻译能力过硬""有英文编译能力者优先""英语特长生优先"等，说明期刊社对外语语言能力的要求以英语语种为主，这也提示新闻传播教育工作者，切实正视并加强新闻传播学生的语言能力，尤其是英语语言能力要求。关键词"外语""翻译"进一步印证期刊对语言能力的要求。改革开放以来，伴随着我国经济的快速增长，国家综合国力和国际影响力不断上升，对外交流和贸易愈加频繁，期刊需要一定的对外传播人才，势必强化对期刊从业者的外语能力要求。

　　图10学科专业词频统计结果显示，专业关键词"新闻学"排名第一位，表明期刊对采访编辑人才的需求，期刊社主要进行内容制作，那么就需要大量具有新闻专业背景的从业人员。文字依然是最基础、需求量最大、覆盖面最广的传播内容形式。"广告学""传播学"位列第二、三位，说明期刊对营销人才的需求非常大，或者说是对非内容制作人才的营销能力要求比较高。"文学""经济学""历史学""医学""政治学""建筑学""临床医学"等专业背景体现出期刊对人才背景学科的多元化需求，尤其是一些专业性期刊，从业者除了具备一定的新闻传播

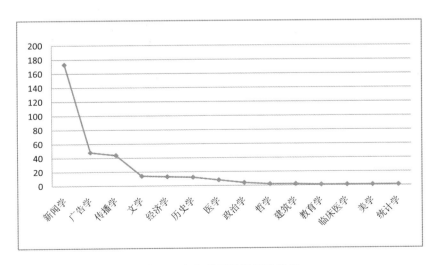

图10　专业背景词频统计结果

能力和技术，还需要具备相应期刊所在领域的专业背景。新闻传播类高等院校应该加强通识教育，改革培养模式，培养复合型新闻传播专业人才，有效提升学生专业素养、丰富知识结构、培养创新能力，为期刊业输出既具有传播能力和知识，也具有相应细分专业领域背景的高质量期刊从业人才。

四　结语

移动互联网和社交媒体的急速发展，正在重塑当前的期刊业。在新媒体数字化的推动下，印刷模式仍然是期刊出版的主要方式，数字出版、移动出版是未来的趋势。推动期刊与新兴媒体实现融合创新已经成为国家战略，信息内容平台的建设和新媒体技术的发展为期刊业创造了全新的机遇。在新媒体的推动下，我国期刊业正在利用自身传统内容优势实现数字化的改革与创新。在新的技术与市场生态下，期刊业面临全新的挑战，但优质的内容依然是期刊业数字化发展的核心。核心内容的内涵不再限于文字与图片，而是开创多种媒体形式，在传统内容中融入音频、视频、直播等形式。当前，我国期刊业探索媒介融合与跨界合作，大力发展移动网络阅读平台，注重开发网络渠道资源，开办"两微一端"新媒体平台。许多期刊在新媒体平台上凸显品牌效应，创新采编方式，实现了期刊的品牌影响力和增值潜力。数字化浪潮、移动化浪潮对期刊业的制作、运行、经销、服务等都提出了新的要求，既懂内容生产，又懂数字技术与运营规律的期刊人才还有很大缺口。

第五章　广播业人才能力需求报告

一　引言

2016 年发布的《中国新媒体发展报告》蓝皮书显示，四大传统媒体中只有广播的广告收入正向增加。

改革开放以来，我国高速的经济发展为广播业持续发展提供了良好的外部环境，虽然广播业在 20 世纪 80 年代末 90 年代初遭遇电视的严重威胁，但得益于汽车工业与城市中产阶层的兴起，广播业"起死回生"，把握住了时代的机遇，牢牢占据了收听市场。近几年，移动互联网技术的发展为广播业带来两个更加广阔的发展前景。当前，随着广播电台应用跨领域合作的普遍开发，广播电台逐渐与图书、车载、旅游、新闻、微博、微信等领域实现多元化的深度结合，更加全面地渗透到人们的生活中。一些广播电台开设各种新媒体和自媒体平台取得突破性发展，它们通过原创内容增强听众黏性和吸引力，覆盖更多移动终端，在新兴经济的带动下实现"互联网＋广播电台"和"大数据＋LBS"，推动广播电台播出平台的精准化和本土化。此外，移动电台用户规模也保持稳步增长，喜马拉雅 FM、蜻蜓 FM、荔枝 FM、考拉 FM、酷我听书 FM、豆瓣 FM、凤凰 FM 等应用的用户规模效应明显，丰富了广播业的内涵。在网络化背景下，我国的广播行业面临机遇，同时也是严峻的挑战，人才缺口正在成为制约广播业发展的关键因素。要想为广播业的发展开辟新的路径，就需要培养出更多的新兴人才，如此才可以配合广播业的转型与升级，为广播业注入新的活力，促进我国广播业健康顺利地发展。本章选取 2017 年 2 月至 6

月我国广播行业招聘信息为研究样本，通过词频分析广播行业对广播人才在学历、职业技能、语言能力、职业素养、性格品德等方面的要求，试图总结其人才需求画像，为高等院校广播相关专业的教学设置提供一些参考和启示。

二　研究方法与内容

（一）研究问题

媒介融合背景下，广播业面临巨大变革。广播业对人才的具体要求的量化的指标或数据是什么？对人才有什么需求，要求从业者具备何种学历，掌握什么技能，什么样的职业素养，什么性格或是品质，有什么语言能力要求，分布在哪些行业和领域，这是摆在广播从业者面前的一个重要问题。与此相关联的另一个重要问题是，大学广播专业如何设置课程体系，如何开展教学工作，如何培养面向广播业未来发展的专业传媒人才，这是高等院校教学工作面临的突出问题。本章通过对广播招聘信息的词频统计分析，用数据揭示广播行业的人才选用标准和要求，以供媒介融合背景下广播从业者和高等院校的教育教学工作者参考。

（二）研究样本

本文选取 2017 年 2 月至 6 月的 210 家广播电台的招聘信息为研究样本，总字词符号数量达到 7 万有余。选择标准如下：（1）选择广播媒体全面、具体，具备研究价值；（2）选择广播媒体具有一定代表性，均为行业领域内的优秀单位；（3）选择广播媒体具有一定受众规模和传播力、影响力；（4）选择中央广播、浙江广播、江苏广播和陕西广播等中央与地方广播媒体比较均衡；（5）选择广播媒体地域分布广泛；（6）选择广播媒体岗位分布均衡，既包括新闻采编岗位、播音主持岗位等传统内容岗位，也包括技术、运营等岗位。

样本来源主要是各广播单位官方网站发布的招聘信息、专业招聘网站（前程无忧、智联招聘、中华英才网）发布的广播人才招聘信息，以及微博"媒体招聘信息"发布的广播人才招聘信息，微信公众号"媒体招聘信息""新闻实习生""刺猬公社""AI 蓝媒汇"等发布的广播人才招聘信息。招聘信息文本来源广泛，具有一定的覆盖面和代表性。

（三）研究方法

1. 词频统计

词是文献中承载学术概念的最小单位，词频统计是一种情报学的定量分析法。词频——反转文件频率，是一种基于情报检索和文本挖掘的常用加权技术，用来评估一个词对于一个文件或者一个语料库中的一个领域文件集的重要程度。传统文献分析法带有一定的个人偏好和主观经验，不一定可以窥探文献背后所隐藏的深层次意义。词频统计是指统计出某个文本中各个字词出现的次数与频率，作为一种科学的定量研究方法，词频统计分析可以透过现象看本质，具有一定的准确性、客观性、系统性、标准性，因而被广泛应用于人文社科领域多个学科的研究中，并且取得了非常丰硕严谨的研究成果。本文使用 Python 编程语言，选择"做最好的中文分词组件"的"Jie ba"（结巴分词）中文分词库，利用计算机软件分词技术将汇集的招聘信息拆散成词组和单个字符，并对拆散的词组依照出现频率进行统计，将统计数值按照从大到小的顺序进行依次排列，词频统计通过对收集的 210 家媒体招聘信息，进行分词和TF—IDF 词频统计，一共有词数 3758 个，包括半角符号和数字在内，词频统计排名前 100 位的词语见表 1。

2. 指标设计

基于 TF—IDF 词频统计结果仅为散乱词频数据，缺乏具体评价维度。本文人工设置如下维度：（1）前 18 位散乱关键词词频排名；（2）职业素养类词频排名，如能力、经验、负责等；（3）情态类词语词频排名，如喜欢、热爱、积极、主动、激情等；（4）外文词汇词频统计排名，主要为 Photoshop、IOS、Edius、Office 等从业者所学技术类；（5）学历关键词词频统计排名，主要为专科、本科、硕士、博士，以研究分析用人单位对于从业者的学历要求；（6）职业类排名，主要有策划、运营、编辑、摄像等，以研究分析用人单位不同岗位的需求量；（7）媒介内容形式关键词词频统计排名，包括视频、图片、动画等，用以研究分析用人单位对不同媒介呈现形态的需求；（8）语言关键词词频统计排名，包括中文、英文、法语、日语等，用以研究分析用人单位对从业者外语语言要求；（9）招聘单位地区关键词词频排名，如北京、上海、广州等，用以研究分析媒体招聘区域分布；（10）学科专业类词统计排名，包含广播学、传播学、美学等，用以研究分析用人单位对从业者学科背景的要求。通过以上几个维度的关键词词频统计，总体分析研究广播业对从业者的各项基本需求。

三 招聘信息文本词频统计分析与发现

表 1 TF—IDF 词频统计分析结果（前 100 位）

排名	词语	词频	频率
1	工作	449	1.0449
2	能力	377	0.8774
3	专业	238	0.5539
4	新闻	234	0.5446
5	经验	223	0.519
6	广播	222	0.5167
7	节目	215	0.5004
8	媒体	209	0.4864
9	学历	206	0.4794
10	策划	187	0.4352
11	负责	158	0.3677
12	编辑	154	0.3584
13	运营	152	0.3537
14	内容	137	0.3188
15	良好	134	0.3119
16	沟通	118	0.2746
17	职责	117	0.2723
18	制作	112	0.2607
19	熟悉	107	0.249

续表

排名	词语	词频	频率
20	主持	107	0.249
21	主持人	107	0.249
22	团队	103	0.2397
23	播音	102	0.2374
24	直播	100	0.2327
25	电台	96	0.2234
26	文字	95	0.2211
27	网络	90	0.2095
28	主播	90	0.2095
29	广播电台	89	0.2071
30	活动	89	0.2071
31	广播	87	0.2025
32	软件	86	0.2001
33	年龄	84	0.1955
34	熟练	84	0.1955
35	合作	81	0.1885
36	精神	78	0.1815
37	语言	78	0.1815
38	普通话	77	0.1792
39	视频	76	0.1769
40	职位	72	0.1676
41	平台	69	0.1606
42	人数	69	0.1606
43	管理	68	0.1583
44	广告	68	0.1583
45	交通	66	0.1536
46	热爱	66	0.1536
47	执行	64	0.1489
48	设计	63	0.1466
49	全日制	61	0.142
50	表达	60	0.1396
51	产品	59	0.1373
52	功底	58	0.135

续表

排名	词语	词频	频率
53	进行	58	0.135
54	优秀	58	0.135
55	发展	57	0.1327
56	人民	57	0.1327
57	简历	56	0.1303
58	采编	55	0.128
59	使用	55	0.128
60	素质	55	0.128
61	组织	55	0.128
62	传播	54	0.1257
63	音频	53	0.1233
64	维护	52	0.121
65	音乐	52	0.121
66	工作	51	0.1187
67	公司	50	0.1164
68	放宽	49	0.114
69	独立	48	0.1117
70	事业	48	0.1117
71	意识	48	0.1117
72	待遇	47	0.1094
73	后期	47	0.1094
74	技术	47	0.1094
75	广播台	46	0.1071
76	协调	46	0.1071
77	频道	45	0.1047
78	业务	45	0.1047
79	用户	45	0.1047
80	经历	43	0.1001
81	分析	42	0.0977
82	考虑	42	0.0977
83	大专	41	0.0954
84	资格	41	0.0954
85	部门	40	0.0931

续表

排名	词语	词频	频率
86	剪辑	40	0.0931
87	客户	40	0.0931
88	一级	40	0.0931
89	从业	39	0.0908
90	健康	39	0.0908
91	掌握	39	0.0908
92	资源	39	0.0908
93	创新	38	0.0884
94	创意	38	0.0884
95	人员	38	0.0884
96	社会	38	0.0884
97	学习	38	0.0884
98	北京	37	0.0861
99	编导	37	0.0861
100	责任心	36	0.0838

总体词语为 3758 个，包括英文在内。我们选取词频排名前 100 名关键词。

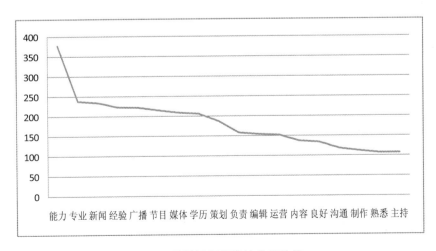

图1 关键词词频统计分析结果

　　图 1 关键词词频统计排名前 18 位结果显示，"能力""专业"和"新闻"名列前三。通过这一关键词词频，我们可以看出广播用人单位对广播电台从业者的实际工作经验和能力要求很高。其次，"经验""广播""节目""媒体"等与广播工作密切相关的关键词排名靠前，说明广播业主要工作为进行广播节目的制作与播出，其中"策划""编辑""主持"等关键词勾勒出广播行业的大致职业轮廓。同时"良好""熟悉"等关键词表现出广播业对从业者态度的要求，同时伴随着较高的职业素养要求。

　　职业素养关键词中"能力""经验"分别排名第一、二位，表明广播对从业者的工作能力和经验有比较高的要求，相反并没有出现"知识"这类关键词。广播业属于文化创意产业，经验和能力占据核心地位，广播专业教育应该注重培养学生的实践工作能力，加强实习和经验积累。"负责""良好""合作""精神"等关键词排名靠前，表明广播重视从业者的个人执行能力和负责态度，以及团队合作精神。有些广播电台的招聘广告关键词虽然不在统计范围，但核心意义与上述要求异曲同工，如有的单位要求"欢迎有独特审美或者强迫症的你，对品质的超高要求来自你与生俱来的偏执"，这其中"强迫症""偏执"实际上是"负责""认真"的另类表达。作为广播的工作人员，需要和采访

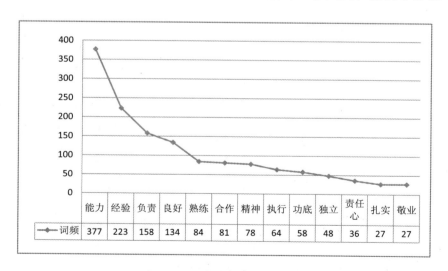

图 2　职业素养词频统计结果

对象以及其他社会人群进行交流沟通，这就需要从业人员具备一定的交流能力。另一方面，"功底""扎实""敬业"等关键词表明广播业突出对职业素养的要求。广播员工均要具备扎实的职业素养，如"三年以上工作经验，有团队管理经验者优先"。值得指出的是，主流媒体对广播从业者政治素质有较高的要求，一些主流广播电台的职业素养招聘条件是"热爱广播事业，遵纪守法，品行端正，政治素质高，专业知识扎实，有开拓创新精神"，其中"政治素质高"是硬性要求。

图3职业态度关键词词频统计中"热爱""积极""兴趣""主动"分列第一、二、三、五位，体现广播招聘突出从业者对工作的职业态度的要求。广播工作不同于有些媒体工作，经常为了赶新闻时效而出差采访，晚上主持，录制节目经常加班，这就需要从业人员对广播有一定的兴趣，热爱广播事业，积极从事广播工作。另一方面，"承受""抗压"等强调从业者要具备吃苦承压的坚强性格品质。同时，"外向"体现出广播用人单位对广播从业者性格方面的要求。有广播电台提出了"能承受一定的工作压力，有较强的工作责任心，具有团队合作精神"等条件。受到广播播出时间的影响，不少广播电台提出"能上夜班者优先"的条件。此外，"喜欢""激情"也是一个广播从业者走向成功的

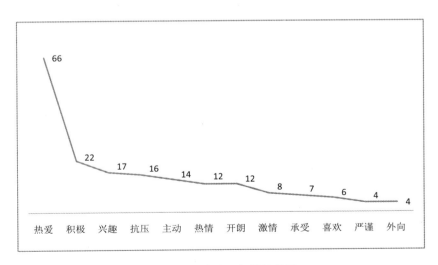

图3　职业态度词频统计结果

必备素质。某广播电台招聘科技数码编辑就要求"学习能力强，喜欢新事物"。此外，虽然没有进入高频词统计范围，但有不少广播媒体在招聘人才时把"互助""分享""开朗"等品质作为录取条件，似乎预示着新媒体时代行业文化的某种转变。

表 2　学历要求词频统计结果

排名	词语	词频	频率
1	本科	184	0.4282
2	专科	41	0.0954
3	硕士	4	0.0093
4	博士	1	0.0023

图4学历类词汇统计分析结果显示，80%的广播招聘要求本科学历，18%的广播要求硕士学历。本硕学历共同占比为98%，也就是说广播用人单位一般要求具备本科学历即可，通过梳理具体招聘信息，我们发现要求硕士学历的为中央人民广播电台、北京广播电台和江苏广播电台等知名广播媒体，而规模较小的广播媒体基本上没有硕士学历的硬性要求。发达城市广播媒体的学历门槛要求高且严格，而一般

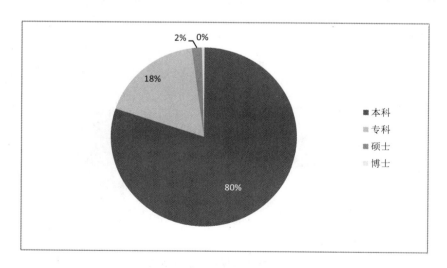

图4　学历要求占比分布统计

地区的广播单位对学历要求相对低且宽松，更加重视从业者的业务能力。就业者想要进入一线广播，一般需要具备硕士学历或出身较好的本科学历。学历要求专科以上的主要集中为部分广播需要少量专业技术较强的岗位，比如剪辑或是后期技术人员。至于博士在招聘信息中非常少，一般没有硬性要求。所以，广播从业人员只要具备本科或硕士学历即可满足广播的工作岗位需求。依然值得注意的是，部分单位明确提出"211"或"985"院校要求。

图 5 热门软件技能词频统计结果中，图片处理技术软件 Photoshop 位列第一名，另一款图片处理软件为排名第十四位的 Illustrator。某广播招聘信息为"熟练使用 PS，具备进行基础图片处理能力"，即使是招聘实习生，掌握图像处理能力的应聘者也会被优先录取，表明广播对于创意人才需求的一个重要技能就是图片处理技术。很多广播业务都涉及图片、海报等，这就需要相应岗位的工作人员具备一定的图片处理能力。近年来不少广播媒体重视新媒体美编岗位的功能，如有电台招聘专职新媒体美编，要求新媒体美编负责新媒体各平台图片设计与制作、活动类现场展板设计、视频视觉效果设计等工作，进而要求从业者熟练使用 Photoshop、AE、Flash 等设计制作软件，熟练使用 HTML 页面语言制作网页，熟悉 2D 视觉、3D 建模等技术。后期方面，特效制作软件 AE、

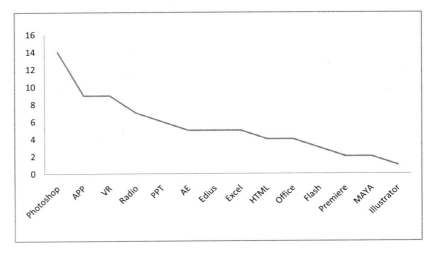

图 5　热门软件技能词频统计结果

剪辑软件 Premiere 和 Edius 也是广播的基本要求。同时，不少广播电台，不仅仅制作音频节目，也开始制作视频节目，尤其是在大视频时代，后期视频制作人才需求比较大，这反映出视频慢慢也成为广播电台产品形态的重要形式。同时，很多广播都对广播从业者有一定的办公软件技术能力要求，这也是当今时代媒体工作的必备技能。总体来看，广播媒体招聘信息表明用人单位对于从业者均有一定的软件技术能力要求，主要以图片处理软件为主，同时部分用人单位要求从业者具备一定的视频处理软件技能。技术是第一生产力，其渗透力是全方位的，广播媒体不能置身于技术化的浪潮之外。

图 6 招聘岗位词频统计数据显示，广播招聘岗位需求主要是"策划""编辑""运营""主持人""播音"等核心职位工作，这体现出广播对人才的需求不仅仅是记者和主持人，还需要大量运营人才。"策划""营销""文案""运营"等岗位关键词排名靠前，表明广播从业者的主要工作就是通过自己的策划和文案能力，帮助广播进行产品和服务的营销和运营，将其产品和名声传播出去，最终目的是实现其经济效益和社会效益。这表明在广播电台，人才主要集中是记者、编辑等内容制作人员和运营、营销等推广运营人员。2016 年，人民网研究院发布了《2016 年中国媒体融合传播指数报告》，对 250 个广播频率的融合传播情况进行考察。广播媒体百强榜中共有 92 家在微博平台上开设官方

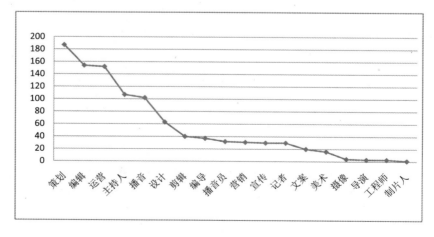

图 6　招聘岗位词频统计结果

账号，平均每家广播频率拥有 123.4 万粉丝。中国国际广播电台环球资讯广播的官方微博"@环球资讯广播"粉丝超过 4245 万，中央人民广播电台中国之声官方微博"@中国之声"、中央人民广播电台经济之声官方微博"@经济之声"的粉丝量均超过千万。在微信平台上，广播媒体的表现更为优异。2016 年 1 月 1 日至 11 月 15 日，百强广播频率的微信账号覆盖率达到 99%，平均每个账号发布文章 2078 篇，其中包含头条文章 426 篇，约占总量的 20.5%。平均每个微信账号的阅读总量超过 2000 万次，头条文章阅读量为 787 万次，影响力较强。① "主持人""播音""编导""摄像"等关键词说明广播媒体对核心内容创作人才的需求依然比较大。融媒时代，传统的单一能力不能胜任广播人才的能力升级与变轨，"一专多能"，既熟练掌握文字或文案策划能力，又掌握图片和视频拍摄处理能力的人才，必将备受广播的青睐。广播媒

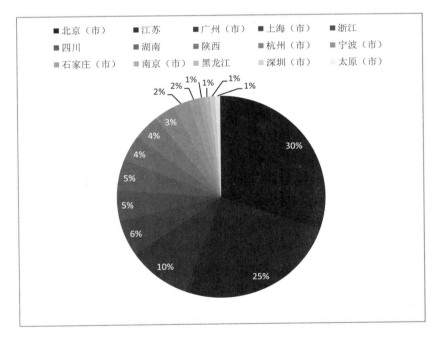

图 7 工作地区占比统计结果

① 《2016 年中国广播电台融合传播百强榜发布》 （http://media.people.com.cn/nl/2016/1219/c120837 - 28960751.html）。

体自负盈亏，自主经营，广告是主要的经济收入来源，因此对广告人才有大量需求。随着媒体融合的深化，广播业对工程师的需求越来越大，如 Web 前端开发工程师岗位，一般要求精通 HTML/XHTML、CSS，熟悉页面架构及布局，对 Web 标准和标签语义有深入理解，精通 Aax、JavaScript、ActionScript、JSON 等前端技术中的一种或多种。应用系统工程师岗位一般要求精通 Linux 操作系统，精通 Apache、Ftp 等服务安装配置等。

图 8 广播招聘单位所在地区占比统计数据显示，发布广播人才招聘信息的广播媒体主要分布在北京、江苏、上海、广州等发达地区，浙江、四川、湖南、杭州、陕西、石家庄等非发达地区的广播人才需求相对一线广播小很多，表明一线广播与二、三、四线广播人才需求具有极大的地域差异。一线广播实力强大，专业人才需求比较大，相关产业比较完善发达。东南沿海地区广播媒体人才需求比较旺盛，西北、西南、东北和中部地域广播人才需求相对比较小。其中，北京、江苏、上海和广州总共以 71% 的比例占据全国广播人才招聘的大半壁江山。众多广播媒体招聘信息"工作地点仅限北京"，究其原因在于中央人民广播电台、北京广播电台等知名广播电台分布在北京，对于工作地区有严格要求。另外，江苏、浙江和湖南广播媒体发展程度高，主要源于这几个

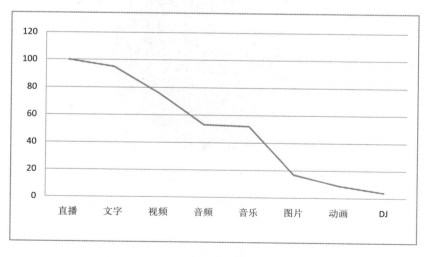

图 8 核心产品形态词频统计结果

省区广播实力比较强，人才需求比较大。总体而言，广播用人单位对于广播人才的需求与地区经济、政治和文化水平正相关。

图8核心产品形态词频统计结果显示，"直播"一家独大，与其他媒介形式相差悬殊，也体现出广播对直播能力要求比较高，直播成为广播工作人员的核心能力。另外，"文字"居于第二位，表明广播媒体对文字处理能力依然要求比较高。同时，视频成为广播电台的重要产品形式，随着新媒体的发展，出现了很多新形式的广播创意方案，但是视频逐步成为广播电台的重要内容形式。长沙人民广播电台BIG RADIO 886国际流行音乐台拓展新媒体领域，定位成为国际流行音乐的入口及数字广播发展的新生力量，微信公众号建立4个月，关注粉丝就突破3万人，与新浪微博进行战略合作推出《爆料电台》《BIG音控师》等视频化内容，单期节目播放量破10万人次。同时与互联网直播APP咸蛋家建立创新合作，在湖南首次开通360°全景摄录，真正意义上实现了可视化广播，这些转型产生了大量视频人才岗位需求。位列第五的是音乐，说明当前广播媒体对音乐内容需求比较大，人才需求量也随之增加。我们可以看出，当前广播对于从业人才的媒介内容制作形式要求主要集中在文字和视频方面，这是最基本的能力要求。"图片""动画""DJ"位于媒介内容形式词频的第二梯队，表明广播电台对于声音、图片和动画的需求相对较大，这方面人才是广播需求比较多的。

图9语言能力词频统计结果显示，部分广播用人单位对从业人员有一定的外语语言能力要求。其中，关键词"英语""双语"占比最大，"英语水平优秀""英语一定要好""英语翻译能力过硬""有英文编译能力者优先""英语特长生优先"等，说明广播媒体对外语语言能力的要求以英语语种为主，这也提示高校传媒教育者，切实正视并加强新闻传播学生的语言能力，尤其是英语语言能力要求。关键词"双语"进一步印证广播对语言能力的要求，甚至有广播的招聘信息中出现"英文好，英文好，英文好，重要的事情说三遍"等强调对英文能力的要求。其次，相比其他小语种，有广播媒体需要具有一定的俄语语言能力的人才。近年来，中国经济的飞速增长带动了国家综合实力和国际地位的不断上升。与之相比，我国媒体的国际影响力和在国际舆论场的话

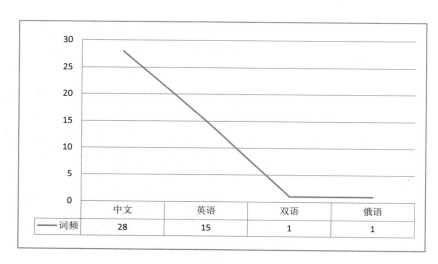

	中文	英语	双语	俄语
词频	28	15	1	1

图 9　语言能力要求词频统计结果

语权仍然较为薄弱，这与日渐强大的国际地位不相匹配。特别是随着国家"一带一路"倡议的深入实施，对外广播人才的需求缺口变大。

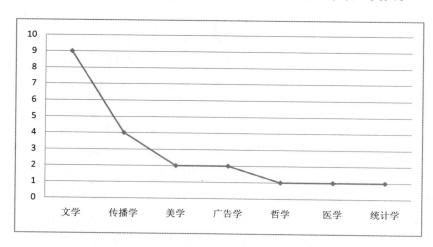

图 10　专业背景词频统计结果

图 10 专业背景词频统计结果表明，广播媒体招聘信息中明确要求招聘具有其他学科背景的传媒人才。从图 10 中我们可以看出，专业关键词"文学"排名第一位，表明广播对从业者的文字功底要求比较高，

要求具备一定的文字撰写和处理能力。"传播学"和"广告学"排名第二、四位，表明广播媒体对专业传播人才和广告人才具有比较大的需求。有广播电台需要医学人才，在于医学所具有的专业性，要求该行业媒体工作者在具备基本新闻专业知识与能力的基础上，必须具备一定的医学专业背景。另外，广播的双重性质不仅仅要传播信息、提供新闻，而且还要盈利，这就导致广播对广告人才需求比较多。为此，我国新闻传播类高等院校应该加强通识教育，坚持通识为"体"、专业为"用"，培养复合型广播专业人才，有效提升专业素养、丰富知识结构、培养创新能力，为广播媒体输出高质量的专业人才。值得注意的是，伴随着近年来大数据与数据可视化的应用，有媒体明确提出招聘统计学专业人才。媒介融合背景下，跨学科广播人才成为市场上的宠儿，他们身上所具备的跨学科知识背景与思维方式，为广播提供报道世界的基本认知范式。

四　结语

随着新媒体、新技术的迅猛发展，传统广播业正处在巨大的变革之中。移动电台以平板电脑、手机、车载、可穿戴设备等移动终端为音频载体，包含新闻脱口秀、音乐、评书等多种形式的自制原创音频内容，提供音频收听、音频录制、分享等服务。相比于传统的 FM 电台，移动电台借助于互联网和移动设备，为业务拓展提供了更多的可能性。如今，移动广播包括声音、音频、视频、数据等多媒体服务，一些广播电台发挥专业生产内容＋用户生产内容的优势，形成了完整的产业链，开创了音乐、情感、外语、自媒体、公开课、新闻资讯等内容资源。在这一背景下，传统广播电台和移动广播电台对人才的能力需求发生了变化。近年来，流媒体工程师、网络系统工程师、网络运维工程师、UI设计师是广播业新兴的热门岗位。许多广播电台将视角更多地放在了移动互联网技术平台的打造上，以微信、微博、APP、网络直播为代表的"两微一 A 一直"融媒体传播平台打造成为趋势。广播业的探索与发展对广播业人才的能力结构提出了新要求，也对广播教育提出了新要求与高标准。

第六章　电视业人才能力需求报告

一　引言

2016 年是"十三五"规划的开局年，在此背景下，我国电视产业发展总体上处于结构深入调整、模式升级换代的发展阶段。产业结构发生深刻变革，新兴产业快速成长，成为电视产业发展的新业态。"中央厨房"式的全媒体中心、大数据、VR、无人机等新兴技术已经融入到电视节目内容生产中，传统电视人才已经不能满足电视行业升级迭代的需求。新媒体视频正以几何裂变的速度向前发展，部分视频网站已和传统电视台分庭抗礼。视频网站分流着电视观众、广告资源，也在吸引着电视人投身到新媒体这个朝阳产业中。优酷、土豆、搜狐视频三大视频网站是在线视频行业的第一阵营，爱奇艺、迅雷看看等视频网站也崭露头角，部分在线视频网站已相当于一家中等卫视的规模。媒体融合已经是大势所趋，以互联网媒体、数字互动媒体、移动媒体等为代表的新媒体正在引领电视业发展的新潮流，许多传统电视台开始被动地发展新媒体业务，电视和新兴媒体在内容资源和渠道上实现了大融合。

互联网时代的电视业具有广阔的就业前景。一方面，无论是传统电视媒体还是新兴视频网站，依然需要记者、编辑、策划、摄像、播音员、主持人、导演、制片、宣传、录音师、影视制作等传统岗位；另一方面，新媒体业务急需新媒体运营、Java 工程师、运维监控工程师、流媒体工程师等新岗位。随着新媒体的发展，电视业出现的新兴岗位，如Java 工程师、运维监控工程师、流媒体工程师、版权合作经理、大数据算法工程师、新媒体视频内容运营管理等岗位需求会越来越大。这在很大程度上为电视人才提供了就业渠道资源，也对其各方面专业能力提供了新的指向。为了及时了解电视人才的需求走向，本文选取 2017 年 2 月至 6 月我国电视媒体招聘信息为研究样本，通过词频方法分析电视媒体对人才在学历、职业技能、语言能力、职业素养、性格品德等方面的要求，为相关机构和个人提供参考。

二　研究方法与内容

（一）研究问题

2016 年，电视产业在媒体融合发展浪潮中加速推进，电视产业随之进入结构调整转型升级的关键阶段。未来，电视产业结构将不断调整优化，产业品质将进一步提升，基于融合业务的新兴产业快速发展且比重继续增长。《关于进一步加快广播电视媒体与新兴媒体融合发展的意见》的出台进一步促进了广电媒体融合向纵深发展，媒体融合平台建设不断加快，广电媒体融合率大幅提升，这势必催生更多的媒介融合业务。在这种转型背景下，我们的电视业对人才有什么需求，要求从业者具备何种学历，掌握什么技能，什么样的职业素养，什么性格或是品质，有什么语言能力要求，分布在哪些行业和领域，这是摆在电视从业者面前的一个重要问题。作为一种回应，高等院校广播电视专业要如何设置课程体系、如何开展教学工作、如何培养面向电视业的专业传媒人才，是高等院校广播电视专业人才培养工作面临的突出问题。本章通过对电视台招聘信息的词频统计分析，用数据揭示电视台的人才选用标准和要求。

（二）研究样本

本文选取 2017 年 2 月至 6 月的 190 家电视台的招聘信息为研究样本，总字词符号数量达到 7 万有余。选择标准如下：（1）选择电视台全面、具体，具备研究价值；（2）选择电视台具有一定代表性，均为行业领域内的先进单位；（3）选择电视台具有一定受众规模和传播力、影响力；（4）选择中央电视台、浙江电视台、江苏电视台和陕西电视台等电视台，中央与地方兼顾均衡；（5）选择电视台地域分布广泛；

(6) 选择电视台岗位分布均衡,既包括内容采、编、摄、录等传统岗位,也包括技术与运营等新兴岗位。遵循这6条标准,从中选取190家电视台招聘信息。

样本来源主要是电视台官方网站发布的招聘信息、专业招聘网站(前程无忧网、中华英才网、智联招聘网)发布的电视台人才招聘信息,以及微博"媒体招聘信息"发布的电视台人才招聘信息,微信公众号"媒体招聘信息""新闻实习生""刺猬公社"等发布的电视台人才招聘信息。招聘信息文本来源广泛,具有一定的覆盖面和代表性。

(三) 研究方法

1. 词频统计

词是文献中承载学术概念的最小单位,词频统计是一种情报学的定量分析法。词频——反转文件频率,是一种基于情报检索和文本挖掘的常用加权技术,用来评估一个词对于一个文件或者一个语料库中的一个领域文件集的重要程度。传统文献分析法带有一定的个人偏好和主观经验,不一定可以窥探文献背后所隐藏的深层次意义。词频统计是指统计出某个文本中各个字词出现的次数与频率,作为一种科学的定量研究方法,词频统计分析可以透过现象看本质,具有一定的准确性、客观性、系统性、标准性,因而被广泛应用于人文社科领域多个学科的研究中,并且取得了非常丰硕严谨的研究成果。本文使用Python编程语言,选择"做最好的中文分词组件"的"Jie ba"(结巴分词)中文分词库,利用计算机软件分词技术将汇集的招聘信息拆散成词组和单个字符,并对拆散的词组依照出现频率进行统计,将统计数值按照从大到小的顺序进行依次排列,词频统计通过对收集的190家电视台招聘信息,进行分词和TF—IDF词频统计,一共有词数3796个,包括半角符号和数字在内,词频统计排名前100位的词语见表1。

2. 指标设计

基于TF—IDF词频统计结果仅为散乱词频数据,缺乏具体评价维度。本文人工设置如下维度:(1) 前18位散乱关键词词频排名;(2) 职业素养类词频排名,如能力、经验、负责等; (3) 职业态度语词频排名，如喜欢、热爱、积极、主动、激情等；（4）热门软件技能词频统计排名，主要为 Photoshop、IOS、Edius、Office 等从业者所学技术类；（5）学历要求关键词词频统计排名，主要为专科、本科、硕士、博士，以研究分析用人单位对于从业者的学历要求；（6）招聘岗位排名，主要有策划、运营、编辑、摄像等，以研究分析用人单位不同岗位的需求量；（7）核心产品形态词频统计排名，包括视频、图片、动画等，用以研究分析用人单位对不同媒介呈现形态的需求；（8）语言能力要求关键词词频统计排名，包括汉语、英语、法语、日语等，用以研究分析用人单位对从业者的外语语言要求；（9）招聘单位工作地区关键词词频排名，如北京、上海、广州等，用以研究分析媒体就业区域分布；（10）专业背景词频统计排名包含电视学、传播学、美学等，用以研究分析用人单位对从业者跨学科背景能力要求。通过以上几个维度的关键词词频统计，本章总体分析研究电视业对从业者的各项基本能力需求状况。

三　招聘信息文本词频统计分析与发现

表 1　TF—IDF 词频统计分析结果（前 100 位）

排名	词语	词频	频率
1	工作	775	1.5259
2	能力	498	0.9805
3	节目	349	0.6872
4	本科	338	0.6655
5	相关	322	0.634
6	专业	309	0.6084
7	媒体	304	0.5986
8	学历	288	0.5671
9	岗位	285	0.5611
10	新闻	285	0.5611
11	经验	284	0.5592
12	制作	267	0.5257
13	策划	260	0.5119

续表

排名	词语	词频	频率
14	具有	249	0.4903
15	电视	241	0.4745
16	负责	229	0.4509
17	优先	205	0.4036
18	职位	196	0.3859
19	职责	179	0.3524
20	编辑	176	0.3465
21	熟悉	174	0.3426
22	沟通	170	0.3347
23	电视台	159	0.3131
24	广播	159	0.3131
25	招聘	159	0.3131
26	管理	155	0.3052
27	良好	143	0.2816
28	具备	141	0.2776
29	设计	135	0.2658
30	任职	132	0.2599
31	文字	131	0.2579
32	团队	127	0.2501
33	地点	126	0.2481
34	完成	124	0.2441
35	不限	117	0.2304
36	后期	117	0.23
37	熟练	110	0.2166
38	频道	109	0.2146
39	招聘	108	0.2126
40	精神	104	0.2048
41	活动	102	0.2008
42	网络	102	0.2008
43	功底	101	0.1989
44	技术	99	0.1949

续表

排名	词语	词频	频率
45	软件	99	0.1949
46	宣传	99	0.1949
47	视频	96	0.189
48	一定	96	0.189
49	运营	96	0.189
50	剪辑	95	0.187
51	内容	95	0.187
52	电视台	89	0.1752
53	项目	89	0.1752
54	编导	88	0.1733
55	性质	88	0.1733
56	执行	88	0.1733
57	条件	87	0.1713
58	进行	86	0.1693
59	影视	86	0.1693
60	创意	85	0.167
61	岗位	85	0.1674
62	全职	85	0.1674
63	月薪	83	0.1634
64	独立	82	0.1615
65	合作	81	0.1595
66	栏目	78	0.1536
67	面议	77	0.1516
68	能够	77	0.1516
69	维护	76	0.1496
70	热爱	74	0.1457
71	营销	74	0.1457
72	描述	72	0.1418
73	年龄	72	0.1418

排名	词语	词频	频率
74	周岁	71	0.1398
75	部门	68	0.1339
76	使用	68	0.1339
77	表达	67	0.1319
78	拍摄	66	0.1299
79	传媒	65	0.128
80	推广	63	0.124
81	资格	63	0.124
82	大学	62	0.1221
83	艺术	60	0.1181
84	语言	60	0.1181
85	行业	59	0.1162
86	资源	59	0.1162
87	主持	58	0.1142
88	职位	56	0.1103
89	流程	56	0.1103
90	全日制	56	0.1103
91	日常	56	0.1103
92	公司	54	0.1063
93	身体	54	0.1063
94	北京	53	0.1044
95	责任心	53	0.1044
96	健康	52	0.1024
97	平台	52	0.1024
98	业务	52	0.1024
99	包装	51	0.1004
100	品牌	51	0.1004

　　总体词语为3796个，包括英文在内。我们选取词频排名前100名的关键词。

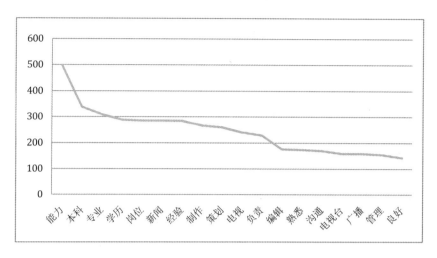

图1　关键词词频统计分析结果

关键词词频统计排名前18位结果显示，排名前四的关键词有"能力""本科""专业""学历"。通过这一关键词词频，我们可以看出，首先，电视台用人单位要求从业者既要具有一定的能力和专业素养，也要具备一定的学历，主要以本科学历为主。其次，"新闻""制作""策划""电视""编辑"等与电视工作密切相关的关键词高频出现，说明电视台主要工作是策划、制作和编辑电视新闻和节目，这就勾勒出其大致职业轮廓。同时"熟悉""良好"等关键词表现了电视台对从业者职业态度的要求。传统电视台受新媒体技术发展的影响，人才需求有所变化。

从图2我们可以看出，职业素养词频统计结果中"能力""经验"分别排名第一、二位，表明电视台对从业者的工作能力和经验有比较高的要求，相反并没有出现"知识"这类关键词。电视台属于文化创意产业，经验和能力在工作中占据核心地位。电视专业教育应该注重培养学生的实践工作能力，加强实习和经验积累。同时，"负责""独立""良好"等关键词排名靠前，表明电视台重视从业者的执行能力、负责态度以及团队合作精神。作为电视台的工作人员，需要和采访对象以及其他社会人群进行交流沟通，这就需要电视从业人员具备较好的交流能力。另一方面，"功底""扎实""敬业"等关键词表明电视台突出对职业素养的要求，电视台员工均要具备扎实的职业素养。

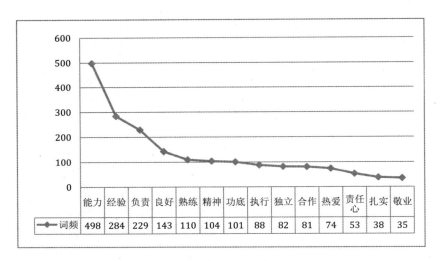

图 2　职业素养词频统计结果

　　图 3 职业态度关键词词频统计中"热爱""积极""热情""主动"分列第一、二、三、四位，体现电视台招聘突出对从业者工作的职业情感的要求。电视台工作和其他媒体工作一样，经常为了赶新闻时效而加班，或者经常出差拍摄，导致生活不规律，这就需要从业人员对电视事业有一定的兴趣，热爱电视事业，积极从事电视台工作。另一方面，

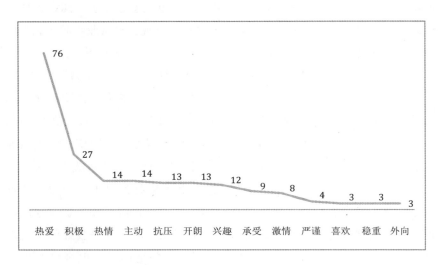

图 3　职业态度关键词词频统计结果

"承受""抗压"等高频词强调从业者要具备吃苦承压的坚强性格品质。同时，"稳重""外向"等词体现出电视台用人单位对从业者性格方面的要求。

表2　学历要求词汇词频统计结果

排名	词语	词频	频率
1	本科	338	0.6655
2	硕士	12	0.0236
3	专科	26	0.0512
4	博士	1	0.002

学历类词汇统计分析结果显示，90%的电视台招聘人才要求本科学历，3%的电视台要求硕士学历。本硕学历共同占比为93%，也就是说，电视台用人单位一般要求具备本科学历即可，通过梳理具体招聘信息，我们发现要求硕士学历的为中央电视台、江苏广播电视总台和北京电视台等传统电视台，而一般网络视频平台基本上没有硕士学历的硬性要求。发达城市电视台对从业者的学历要求高且严格，而一般地区的电视台对学历要求相对低且宽松，两者都重视从业者的业务能力。传媒

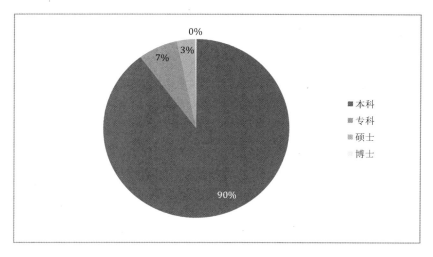

图4　学历结构占比统计结果

从业者想要进入一线电视台，一般需要具备硕士学历。学历要求本科以上的主要集中在部分电视台所需的少量专业技术较强的岗位，比如剪辑或是后期技术人员。至于博士学历在招聘信息中非常少，一般没有硬性要求。所以，电视台从业人员只要具备硕士学历即可满足电视台的工作岗位需求。值得注意的是，部分单位明确提出应聘者应毕业于"211"或"985"院校的要求。

图 5 热门软件技能词频统计结果中，图片处理技术软件 Photoshop 位列第一，排名第六位的 Illustrator 同为图片处理软件。某电视台招聘信息为"熟练使用 PS，具备进行基础图片处理能力"，即使是招聘实习生，掌握图像处理能力的软件会被优先录取。很多电视台的节目都涉及图片、海报等制作，这就需要相应岗位的工作人员具备一定的图片处理能力。后期方面特效制作软件 AE、剪辑软件 Premiere 和 Edius 也是电视台的基本要求，尤其是在大视频时代，电视台视频制作后期人才需求比较大。同时，很多电视台都对电视从业者提出了一定的办公软件技术能力要求，这也是当今时代媒体工作的必备技能。总体分析看来，电视台招聘信息表明用人单位对于从业者均有一定的软件技术能力要求，主要以图片处理为主，同时电视台要求从业者具备熟练的视频处理技能。

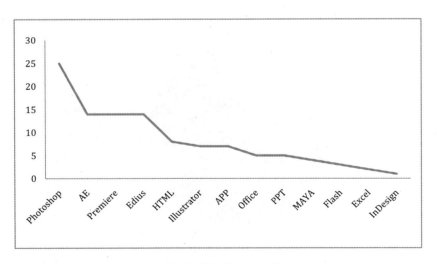

图 5　热门软件技能词频统计结果

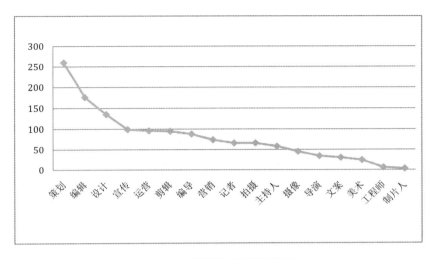

图6　招聘岗位词频统计结果

图6招聘岗位词频统计数据显示，电视台招聘岗位需求主要以"策划""编辑""设计""宣传""运营"等媒体核心职位工作为主，"记者""编辑"等核心内容创作人才相应少，这也体现出电视台对人才的需求特征。"策划""营销""文案""运营"等岗位关键词排名靠前，表明在电视台，一项主要工作就是通过自己的策划和文案能力，帮助电视台进行产品和服务的营销和运营，将其产品和名声传播出去，最终目的是实现其经济效益和社会效益。在电视台里，人才主要集中在记者、编辑等内容制作人员和运营、营销等推广运营人员。"导演""编导""制片人""摄像"等关键词说明对核心内容创作人才的需求依然比较大。融合媒体时代，传统的单一能力不再符合电视台人才需求，"一专多能"，既熟练掌握文字或文案策划能力，又掌握图片和视频拍摄处理能力的人才，将备受电视台的青睐。电视人才需求以专业制作人员，如摄影、制作等专业人才为主，电视业市场专业化人才要求数量高，这与科技的进步、电视业发展的趋势相符合。

电视台招聘单位所在地区占比统计数据显示，发布电视台人才招聘信息的电视台主要分布在北京、江苏、浙江、湖南等一线卫视分布的电视业发达地区，山东、四川、河南、黑龙江、深圳、陕西、武汉等非一线卫视地区，电视台人才需求相对一线电视台小很多，表明一线电视台

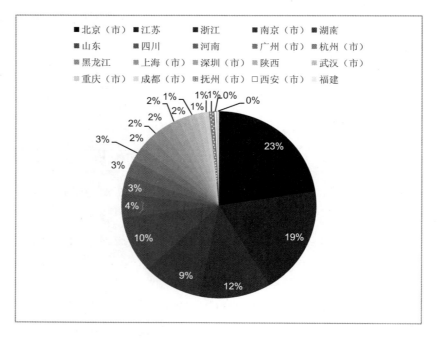

图 7　工作地区占比统计结果

与二、三、四线电视台人才需求具有极大的地域差异。一线电视台实力强大，周边相关产业比较完善发达，对电视台人才需求比较大。此外，东南沿海地区人才需求比较旺盛，西北、西南、东北和中部地区电视台人才需求相对比较小。其中，北京、江苏、浙江和湖南以74%的比例占据全国电视台人才招聘的大半壁江山。众多招聘信息"工作地点仅限北京"，根本原因在于中央电视台、北京电视台、凤凰卫视等知名电视台分布在北京，对于工作城市有严格要求。另外，江苏、浙江和湖南电视台发展程度高，主要源于这几个省份电视台实力比较强，人才需求量比较大。其他省市里"福建""成都"词频率均为1%，表明这些地方电视业相对落后。

图8核心产品形态词频统计结果显示，"文字"一家独大，与其他媒介形式相差悬殊，体现了电视台对文案能力要求比较高，文字是电视台工作人员的核心能力。另外，"视频"居于第二位，表明电视台对图像处理能力要求比较高。随着新媒体的发展，出现了很多新形式

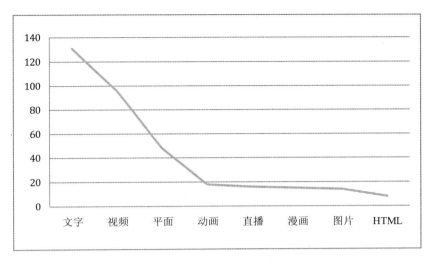

图 8　核心产品形态词频统计结果

的电视台创意方案，但是视频依然占据电视台的主导地位。位列第五的"直播"，表明当前对于直播传播形式和内容需求比较大，人才需求量也随之增加。"动画"和"漫画"分列第四、六位，表明它们仍然是重要的补充性内容形式。我们可以看出，当前电视台对从业人才的能力要求主要集中在文字和视频方面，这是最基本的能力要求。"动画""漫画""直播"位于核心产品形态词频的第二梯队，这些新兴的电视内容形态比较受新媒体平台的青睐，这方面人才也是电视台需求比较大的人才。随着微电影、短视频、网络电视台的兴起，经验丰富的人才最受欢迎，而电视人才＋互联网人才正在成为视频网站招聘人才的新方向。

　　图 9 语言能力词频统计结果显示，部分电视台对从业人员有一定的外语能力要求。其中，关键词"英语""法语"占比最大，"英语水平优秀""英语一定要好""英语翻译能力过硬""有英文编译能力者优先""英语特长生优先"等，说明对外语语言能力的要求以英语语种为主，这也提示高校教育工作者，切实正视并加强电视专业学生语言能力的培养，尤其是英语能力。关键词"双语"进一步印证电视台对语言能力的要求。其次，相比其他小语种，法语人才的需求比较多，阿拉

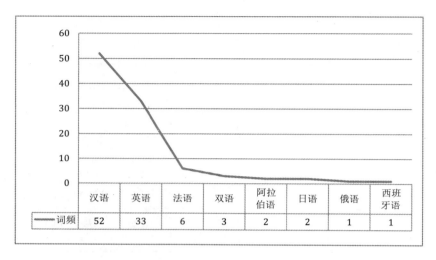

	汉语	英语	法语	双语	阿拉伯语	日语	俄语	西班牙语
词频	52	33	6	3	2	2	1	1

图 9　语言能力词频统计结果

伯语、日语、俄语、西班牙语均有一定的需求。例如，中央电视台国际传播岗位语种需求包括英语、西班牙语、法语、阿拉伯语、俄语、葡萄牙语、朝鲜语和日语。

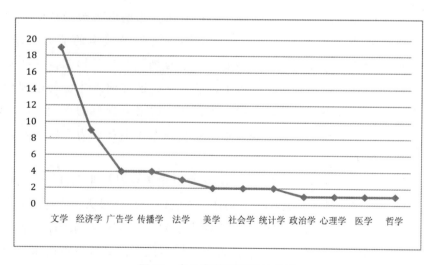

图 10　专业背景词频统计结果

从图 10 中我们可以看出，专业背景关键词"文学"排名第一，表明电视台对从业者的文字功底要求比较高，求职者要具备一定的文字撰写和处理能力。"经济学"和"广告学"排名第二、三位，表明媒体对广告与经济人才有比较大的需求。随着我国经济快速发展和市场经济的完善，财经类媒体人才需求不断增加。由于财经金融类新闻所具有的专业性，要求该行业媒体工作者在具备基本新闻专业知识与能力的基础上，必须具备一定的经济学或金融学专业背景。另外，由于电视台的双重性质，即不仅仅传播信息、提供新闻，而且还要盈利，导致电视台对广告人才需求较大。紧跟其后的专业是社会学、法学、哲学、政治学，体现出电视台对人文社会学科专业人才的大量需求，或是要求电视台应聘者具备该学科背景。为此，高等院校应该坚持通识为"体"、专业为"用"，在通识教育上下功夫，有效提升专业素养、丰富知识结构、培养创新能力，为电视业输出高质量传媒人才。值得注意的是，伴随着近年来大数据与数据可视化的应用，有电视台明确提出招聘统计学专业人才。

四 结语

身处风起云涌的媒介融合时代，电视业早已不是独善其身的单一行业，而是视频行业的总称。在传媒新技术浪潮和我国文化产业发展政策等因素的影响下，我国电视业在保持快速发展的同时出现了很多新变化、新趋势。当前，以"三网融合"为全新驱动的媒介融合格局正在我国迅速展开。随着原有高度垄断的播出渠道被打破，电视业"渠道为王"的时代即将成为过去，随之而来的是"内容为王"的时代。特别是新媒体视频平台的快速成长，分流着电视观众、广告资源，也在吸引着更多电视人投身到电视业中。随着这种电视业生态的变化，电视媒介的深度融合时代的大幕已经开启。基于媒介的内容变革以及视频媒介所带来的整个互联网应用和媒介生态的变革将是我们撬动电视人才能力结构调整的杠杆，同时也在重新构建电视人才的定义。通过词频分析，本章具体讨论了电视业对从业人员在学历、职业技能、语言能力、职业素养、性格品德等方面的要求，希望为相关机构与个人提供一些参考。

第七章　电影业人才能力需求报告

一　引言

　　我国电影产业在近十多年快速增长，沉淀出的产业基础及规模已成为全球最亮眼的增长引擎。2016 年，我国电影总票房达 457.12 亿元，同比增长 3.73%，观影人次为 13.72 亿，同比增长 8.89%，国产电影票房占票房总额的 58.33%。2016 年，我国共生产电影故事片772 部，动画电影 49 部。全年票房过亿元影片 84 部，其中国产电影43 部。国产电影海外票房和销售收入 38.25 亿元，同比增长38.09%。与此同时，2016 年全国新增影院 1612 家。[①] 此外，2016 年我国网络大电影数量产出超 2500 部。随着全社会投资电影的积极性日趋高涨、电影市场的进一步扩大以及电影数字化进程的加快，电影业对人才需求将呈现结构性的变化。日益壮大的电影产业需要大量的电影人才，这无疑为电影学专业的毕业生尤其是高学历的电影学研究生提供了前所未有的就业机遇。传统电影业的岗位设置有制作人、制作设计、导演、助理导演、演员导演、场地管理、制片经理、摄影指导、艺术指导、音效制作、作曲家、舞蹈指导、美术设计和剧本作者等。如今，随着信息技术的发展，也产生了一些热门新兴岗位，如三维特效工程师技术员、创意合成设计师、电影发行总监、视频创意剪辑人员、平面设计师、视频技术人员、特效师、分镜插画师等。为了

---

　　① 《2016 年中国电影票房 457.12 亿元》，《人民日报》（海外版）2017 年 1 月 1 日第 2版。

及时了解电影业人才需求现状与走向，本章选取 2017 年 1 月至 6 月我国电影公司招聘信息为研究样本，通过词频分布规律分析电影业对电影人才在学历、职业技能、语言能力、职业素养、性格品德等方面的要求，总结其结论以为我国高等院校电影学专业的教育工作者和学生提供一些参考和启示。

二　研究方法与内容

（一）研究问题

我国电影业对人才有什么需求，要求从业者具备何种学历，掌握什么技能，什么样的职业素养，什么性格或是品质，有什么语言能力要求，需要掌握哪些基本软件技能，招聘的热门岗位有哪些等问题是摆在电影从业者面前的一个重要问题。电影院校要如何设置课程体系、如何开展教学工作、如何培养面向电影业的专业传媒人才，是高等院校电影教学工作面临的突出问题。本章通过对电影业招聘信息的词频统计分析，用数据揭示电影业的人才选用标准和要求。

（二）研究样本

本文选取 2017 年 1 月至 6 月的 180 家电影公司的招聘信息为研究样本，总字词符号数量达到 7 万有余。选择标准如下：（1）选择电影公司全面、具体，具备研究价值；（2）选择电影公司具有一定代表性，均为行业领域内有声誉的单位；（3）选择电影公司具有一定受众规模和传播力、影响力，有成功的作品；（4）选择中央新影、浙江电影、国企影视公司和民营影业等，具有代表性；（5）选择电影公司地域分布尽可能广泛；（6）选择电影岗位分布均衡，既包括内容岗位，也包括技术、运营等岗位。遵循这 6 条标准，从中选取 180 家电影公司招聘信息。

样本来源主要是电影公司官方网站发布的招聘信息、电影电视专业招聘网站发布的电影人才招聘信息，以及微博"媒体招聘信息"发布的电影人才招聘信息，微信公众号"媒体招聘信息""新闻实习生""刺猬公社"等发布的电影人才招聘信息。招聘信息文本来源广泛，具有一定的覆盖面和代表性。

（三）研究方法

1. 词频统计

词是文献中承载学术概念的最小单位，词频统计是一种情报学的定量分析法。词频——反转文件频率，是一种基于情报检索和文本挖掘的常用加权技术，用来评估一个词对于一个文件或者一个语料库中的一个领域文件集的重要程度。传统文献分析法带有一定的个人偏好和主观经验，不一定可以窥探文献背后所隐藏的深层次意义。词频统计是指统计出某个文本中各个字词出现的次数与频率，作为一种科学的定量研究方法，词频统计分析可以透过现象看本质，具有一定的准确性、客观性、系统性、标准性，因而被广泛应用于人文社科领域多个学科的研究中，并且取得了非常丰硕严谨的研究成果。本文使用Python 编程语言，选择"做最好的中文分词组件"的"Jie ba"（结巴分词）中文分词库，利用计算机软件分词技术将汇集的招聘信息拆散成词组和单个字符，并对拆散的词组依照出现频率进行统计，将统计数值按照从大到小的顺序进行依次排列，词频统计通过对收集的180 家电影公司招聘信息进行分词和 TF—IDF 词频统计，一共有词数3874 个，包括半角符号和数字在内，词频统计排名前 100 位的词语见表 1。

2. 指标设计

基于 TF—IDF 词频统计结果仅为散乱词频数据，缺乏具体评价维度。本文人工设置如下维度：（1）排名前 20 散乱关键词词频排名；（2）职业素养类词频排名，如能力、经验、负责等；（3）职业态度类词语词频排名，如喜欢、热爱、积极、主动、激情等；（4）热门软件技能词频统计排名，主要为 Photoshop、IOS、Edius、Office 等从业者所学技术类；（5）学历要求关键词词频统计排名，主要为专科、本科、硕士、博士，以研究分析用人单位对于从业者的学历要求；（6）招聘岗位排名，主要有策划、运营、编辑、摄像等，以研究分析用人单位不同岗位的需求量；（7）媒介内容形式关键词词频统计排名，包括视频、图片、电影等，用以研究分析用人单位对不同媒介呈现形态的需求；（8）语言能力关键词词频统计排名，包括汉语、英语、法语、日语等，用以研究分析用人单位对从业者外语语言要求；（9）招聘单位地区关键词词频排名，如北京、上海、广州等，用以研究分析媒体就业区域分布；（10）学科专业类词统计排名，包含电影学、传播学、美学等，用以研究分析用人单位对从业者跨学科背景能力要求。通过以上几个维度的关键词词频统计，总体分析研究媒体对从业者的各项基本需求状况。

三　招聘信息文本词频统计分析与发现

表 1　TF—IDF 词频统计分析结果（前 100 位）

排名	词语	词频	频率
1	能力	453	0.8891
2	公司	451	0.8852
3	制作	361	0.7085
4	影视	358	0.7026
5	项目	272	0.5339
6	经验	262	0.5142
7	工作	250	0.4907
8	地点	240	0.4711
9	招聘	235	0.4612
10	负责	235	0.4612
11	薪资	231	0.4534
12	后期	219	0.4298
13	策划	215	0.422
14	团队	212	0.4161
15	创意	205	0.4024
16	良好	196	0.3847
17	优先	191	0.3749
18	沟通	187	0.367
19	剪辑	181	0.3553
20	软件	179	0.3513

续表

排名	词语	词频	频率
21	有限公司	177	0.3474
22	视频	173	0.3395
23	电影	166	0.3258
24	专业	142	0.2787
25	熟悉	141	0.2767
26	独立	140	0.2748
27	吸引力	140	0.2748
28	拍摄	139	0.2728
29	宣传	138	0.2709
30	设计	137	0.2689
31	熟练	133	0.261
32	广告	132	0.2591
33	节目	132	0.2591
34	文化	121	0.2375
35	朝阳区	116	0.2277
36	合成	116	0.2277
37	具备	106	0.208
38	传媒	105	0.2061
39	内容	105	0.2061
40	合作	104	0.2041
41	精神	104	0.2041
42	包装	102	0.2002
43	媒体	97	0.1904
44	文案	97	0.1904
45	作品	96	0.1884
46	流程	94	0.1845
47	客户	87	0.1708
48	艺术	84	0.1649
49	北京市	83	0.1629
50	行业	82	0.1609
51	镜头	78	0.1531
52	创作	76	0.1492
53	学历	76	0.1492

排名	词语	词频	频率
54	特效	75	0.1472
55	文字	75	0.1472
56	管理	74	0.1452
57	导演	69	0.1354
58	执行	65	0.1276
59	方案	64	0.1256
60	编导	63	0.1237
61	传播	63	0.1237
62	撰写	63	0.1237
63	热爱	61	0.1197
64	剧本	60	0.1178
65	美术	60	0.1178
66	责任心	60	0.1178
67	前期	58	0.1138
68	脚本	57	0.1119
69	善于	57	0.1119
70	编辑	56	0.1099
71	功底	55	0.1079
72	协助	55	0.1079
73	学习	54	0.106
74	语言	54	0.106
75	网络	53	0.104
76	协调	53	0.104
77	资源	53	0.104
78	AE	50	0.0981
79	运营	49	0.0962
80	编剧	48	0.0942
81	思维	48	0.0942
82	配合	47	0.0922
83	制片	47	0.0922
84	参与	46	0.0903
85	理解	46	0.0903
86	运用	46	0.0903
87	电视	45	0.0883

排名	词语	词频	频率
88	丰富	45	0.0883
89	纪录片	45	0.0883
90	本科	44	0.0864
91	市场	43	0.0844
92	动画	42	0.0824
93	技术	42	0.0824
94	表达	41	0.0805
95	摄影	39	0.0765
96	画面	38	0.0746
97	素材	38	0.0746
98	优秀	38	0.0746
99	推广	37	0.0726
100	维护	37	0.0726

总体词语为 3874 个，我们选取词频排名前 100 名的关键词。人工排除"需要""以下""招聘""具备""时间"等无研究价值关键词语，其空缺由排名 100 位以后的词语补位。

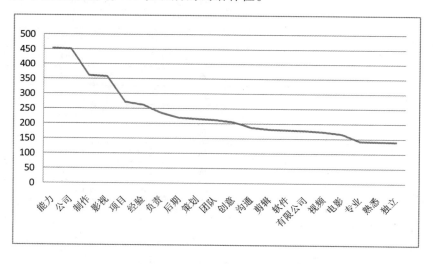

图 1　关键词词频统计分析结果

关键词词频统计排名前 20 位结果显示，"能力""经验"排名第一、六名。通过这一关键词词频，我们首先可以看出电影用人单位对影视从业者的实际工作经验和能力要求很高。其次，"公司""制作""影视""项目"等与电影工作密切相关的关键词，基本勾勒出电影行业的基本特点，当前主要是民营影视公司，以项目形式进行影视制作。其中"策划""后期""剪辑"等关键词勾勒出电影行业的大致业务工作轮廓。同时"熟悉""专业""独立"等关键词表现出目前电影用人单位对从业者职业态度的要求，伴随的是较高的职业素养要求。受新媒体技术发展的影响，人才需求有所变化。

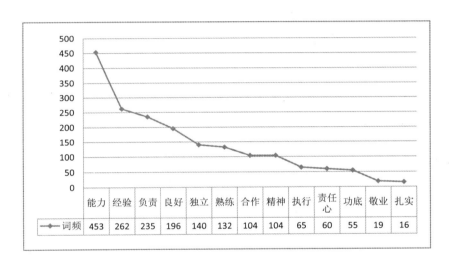

图 2　职业素养词频统计结果

从图 2 中我们可以看出，关键词中"能力""经验"等分别排名第一、二位，表明电影业对从业者的工作能力和经验有比较高的要求。电影属于手艺性很强的文化创意行业，经验和能力在工作中占据核心地位，这就启发电影专业教育应该注重培养学生的实践工作能力，加强实习和经验积累。同时，"负责""良好""独立""熟练""精神""合作"等关键词排名靠前，表明电影用人单位重视从业者的个人执行能力、负责态度和团队合作精神。电影生产与制作属于极其典型的团队合作性质，需要主创人员和其他社会人群进行交流沟通，这就需要主创人员具备较强的交流能力。另一方面，"功底""敬业""扎实"等关键词表明电影业突出对职业素养的要求，电影从业人员均要具备扎实和稳健的基础职业素养。

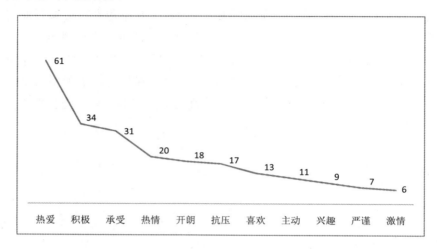

图 3　职业态度词频统计结果

图 3 职业态度关键词词频统计中"热爱""积极""热情"分列第一、二、四位，体现出电影业的招聘需求突出对从业者工作的职业情感的要求。电影的拍摄制作对时间要求非常紧张，生活不规律，加班加点改编剧本，拍摄赶档期等属于正常现象，这就需要从业人员对电影有浓厚的兴趣，热爱电影创意事业，积极从事电影创意工作。另一方面，"承受""抗压"等强调从业者要具备吃苦承压的坚强性格品质。不同于专业传媒机构分工非常细化，电影工作非常辛苦，甚至可以说是艰苦，这就需要从业者具备一定的抗压能力。同时，"开朗"体现出电影用人单位对电影创意从业者性格方面的要求。

表 2　学历要求词频统计结果

排名	词语	词频	频率
1	本科	44	0.0864
2	专科	42	0.0824
3	硕士	2	0.0039

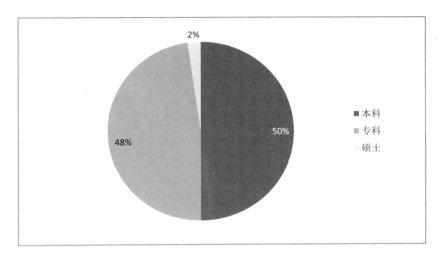

图 4　学历要求占比统计结果

图 4 学历要求占比统计结果显示，50％的电影招聘人才要求本科学历，48％的电影招聘人才要求专科学历。本专科学历共同占比为98％，也就是说电影用人单位一般要求具备本专科学历即可，通过梳理具体招聘信息，我们发现要求"硕士"的用人单位非常少，而一般的电影招聘基本上没有硕士学历的硬性要求。发达城市电影从业者的学历门槛要求稍微高且严格，而相对欠发达地区的电影用人单位对学历要求相对低且宽松，更加重视从业者业务能力。电影就业者想要进入一线电影公司，一般需要具备本科学历。学历要求专科以上的主要集中为部分电影业需要的专业技术较强的岗位，比如剪辑或是后期技术人员。所以，电影从业人员只要具备本科即可满足电影的工作岗位需求。

图 5 热门软件技能词频统计结果中，图片处理技术软件 AE 位列第一，跟随其后的是 MAYA 软件，均属于后期特效制作软件，表明影视行业对于后期特效制作人才需求比较大。其次是对能够熟练应用后期剪辑软件 Premiere、Edius、Final Cut Pro 等剪辑软件，视频的制作后期人才需求比较大。位列第四位的 Photoshop 以及排名第八位同为图片处理软件的 Illustrator，反映出影视行业对图片处理人才和技术能力的要求比较多。同时，很多电影公司都要求电影从业者要具备一定的办公软件技

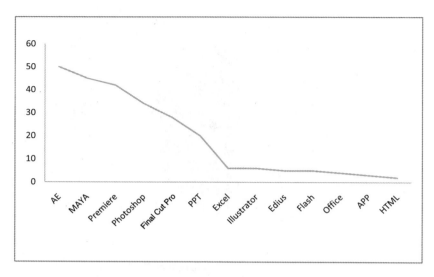

图 5　热门软件技能词频统计结果

术能力要求，这也是当今时代媒体工作的必备技能。总体来看，电影招聘信息表明用人单位对于从业者均有要具备一定的软件技术应用能力的要求，主要以视频处理为主，同时部分用人单位要求从业者具备一定的图片处理技能。

图 6 招聘岗位词频统计数据显示，电影招聘岗位需求主要是"后期""策划""剪辑""拍摄""宣传""设计"等电影业核心工作岗位，这也体现出电影业对人才的需求，主要集中在电影制作人才方面。"策划""营销""文案""运营"等岗位关键词排名靠前，表明在电影业，从业者的一项重要工作就是通过自己的策划和文案能力，帮助电影业进行产品和服务的营销和运营，将其产品和名声传播出去，最终目的是实现经济效益和社会效益。在电影行业，人才主要集中在后期剪辑和前期摄影方面，另外宣传推广人才也是电影行业人才需求的一大板块。总体来看，电影行业分工比较明确，属于典型的行业分工明确的工作，工作很依赖团队不同工种之间的协同配合能力。电影营销岗位要求从业者能够进行电影内容话题的策划及制作，对运营数据进行科学分析与总结，调整运营策略，并且运营微博、微信等社交平台。策划文案岗位要求从业者能够根据既定传播策略、广告主品牌内涵，创作适于互联网传

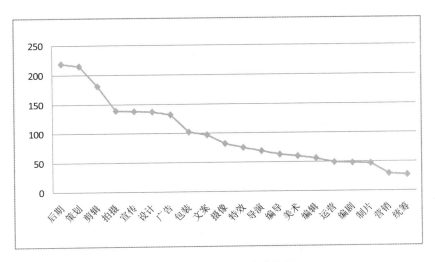

图6 招聘岗位词频统计结果

播的视频内容，负责节目大纲的文案品质。编剧岗位要求从业者熟悉剧本创作流程，具有丰富的创意和想象力，有大量阅片量和阅读量，文笔好，热爱电影，喜欢表演，有活力、有头脑，有自己完整的价值观体系。创意合成设计师要求有较强的美术基础或者手绘能力，对图形和颜色敏感，能熟练使用 Photoshop、Illustrator、AE Vegas、3DMax、MAYA、C4D 等相关软件。视频创意剪辑人员要求精通多种相关设计软件，有深厚的美术功底、独特的审美能力、创意设计能力，整体布局能力和色彩感好，能清楚地表达设计理念，针对项目的视频策划、拍摄、剪辑、调色，最终交付成稿。平面设计师要求熟悉网站设计和 UI 设计，熟练掌握 Photoshop、Illustrator、Sketch 等基础设计软件。视频技术岗位要求能使用 Final Cut Pro 7 和 Final Cut Pro X 等软件。特效师要求精通 AE、PS、AI、C4D、3DMax 等软件，具有扎实的美术知识和审美能力。

图7电影招聘单位所在地区占比统计数据显示，发布电影人才招聘信息的电影公司主要分布在北京、上海、广州等一线发达地区，尤其是北京，电影人才需求占据全国电影人才需求的 77%，是名副其实的中国电影之都。我国主要的影视公司基本上都集中在北京，这导致很多影视公司人才招聘均要求在北京工作。湖南、深圳、长沙、浙江、杭州、

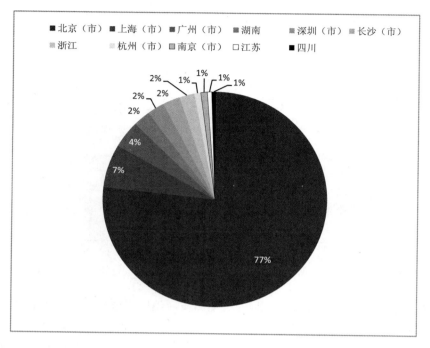

图例：■北京（市）　■上海（市）　■广州（市）　■湖南　■深圳（市）　■长沙（市）　■浙江　■杭州（市）　■南京（市）　□江苏　■四川

图7　工作地区占比统计结果

南京、江苏等非一线地区，电影人才需求相对一线省市电影小很多，表明一线省市电影与二线省市电影人才需求具有极大的地域差异。一线省市电影实力强大，周边相关产业比较完善发达，对电影人才需求比较大。又表现为北京、上海、广州三市人才需求比较旺盛，西北、西南、东北和中部地域电影人才需求相对比较小。主要源于这三个城市的电影业实力比较强，人才需求比较大。总体而言，电影业对于电影人才的需求与地区经济、政治和文化水平正相关。

图8核心产品形态词频统计结果显示，"视频"遥遥领先，与其他产品形态相差悬殊，也体现出电影业对视频内容要求比较高，"视频"成为电影工作人员的核心能力。另外，"文字"词频居于第二位，表明电影公司对从业者文字处理能力要求依然比较高。同时，视频成为电影的重要内容形式，随着新媒体的发展，出现了很多新形式的电影创意方案。"动画"排名第三位，主要是电影业对动画内容需求比较大。位列第四的"音乐"，说明电影业当前对于音乐内容需求比较大，人才需求

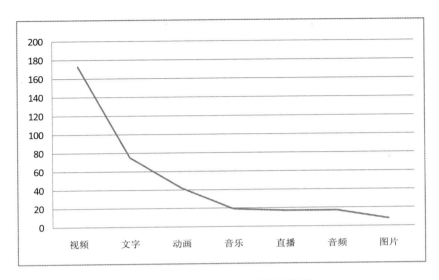

图 8　核心产品形态词频统计结果

量也随之增加。从图 8 看出，当前电影公司对于电影从业人才的媒介内容制作能力要求主要集中在视频和文字方面，这是最基本的能力要求。"动画""音乐""图片"位于核心产品形态词频的第二梯级，表明电影业对于声音、图片和动画的需求比较大，这方面人才是电影业需求比较多的人才。

　　图 9 语言能力词频统计结果显示，部分电影对从业人员有一定的外语能力要求。其中，关键词"英语""英文"占比最大，"英语水平优秀""英语一定要好""英语翻译能力过硬""有英文编译能力者优先""英语特长生优先"等招聘词说明对外语能力的要求以英语语种为主，这也提示传媒高校教育者，亟须加强电影专业学生的语言能力的培养，尤其是英语能力。关键词"双语"进一步印证电影对语言能力的要求，甚至有电影公司的招聘信息中出现"英文好，英文好，英文好，重要的事情说三遍"等强调对英文能力的要求。其次，相比其他小语种，有媒体需要一定的俄语和德语语言能力人才。改革开放以来，伴随着我国经济的快速增长，国家综合国力和国际影响力不断上升。中国电影慢慢开始"走出去"，除了面向中国人的电影传播，不少电影也需要一定的对外传播，这就需要编创与宣传人员具有一定的外语基本能力。今

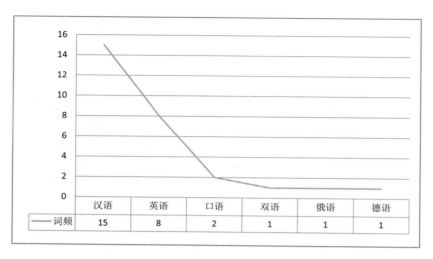

	汉语	英语	口语	双语	俄语	德语
词频	15	8	2	1	1	1

图 9　语言能力词频统计结果

后，随着我国经济不断增长，综合实力不断增强，电影业对外交流和电影版权贸易愈加频繁，电影业还会需要更多的对外传播人才，势必强化对电影从业者的外语能力要求。

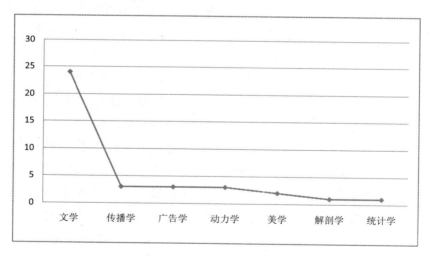

图 10　学科背景词频统计结果

专业背景词频统计结果表明，部分电影业用人单位招聘信息中明确要求招聘具有跨学科背景的传媒人才。从图 10 中我们可以看出，专业关键词"文学"排名第一位，表明电影对从业者文字功底要求比较高，要具备一定的文字撰写和处理能力。"传播学"和"广告学"排名第二、三位，表明媒体对专业传播人才和广告人才具有比较大的需求。随着我国电影业的快速发展，部分电影公司需要一定数量的美学、解剖学和统计学人才。为此，我国电影类高等院校应该加强通识教育，培养复合型电影业专业人才，有效丰富学生知识结构、培养创新能力，为电影业用人单位输出高质量的电影人才。电影是复杂的综合艺术，跨学科电影业人才是市场上的宠儿，他们身上所具备的跨学科知识背景与思维方式，为电影业提供反映世界的基本认知范式。

四　结语

我国电影业的迅猛发展，让互联网、金融、科技等多个行业看到巨大的市场机会，纷纷把目光投到电影业上来，并通过融合作用催生了很多新的业态和产品，对电影业各环节带来了深远的影响。随着信息技术的发展，PC、手机、平板等视频媒介兴起，各种视频网站以及微信等新媒体平台的流行，电影业不断充实完善受众碎片化、多元化的观影环境与效果体验。当前，3D 电影、数字电影、IP 电影、VR 电影等电影形态随之出现，网络剧、网络大电影等新兴网络产业也迅速成长起来，市场对电影的需求愈加旺盛，带动电影人才的需求呈现飞跃式增长。但是，电影业紧缺"人才"并不等于紧缺"人"，电影业需要的一大批适合新兴电影业态的剧本、融资、监制、摄影、宣传、发行、制作、设计、版权保护等专业人才，以实现我国电影业全产业链的转型升级。电影专业的学生要转变观念，因时而学练就自身核心技能。而高校的电影专业教育必须推进电影人才观念转变和教育与教学改革实际转型，以从整体上实现电影人才培养体制机制的优化和升级。

第八章　动漫业人才能力需求报告

一　引言

根据国务院《关于推动我国动漫产业发展的若干意见》对动漫业的界定：动漫业是指以创意为核心，以动画与漫画为表现形式，包含动漫图书、报刊、电影、电视、音像制品、舞台剧和基于现代信息传播技术手段的动漫新品种等动漫直接产品的开发、生产、出版、播出、演出和销售，以及与动漫形象有关的服装、玩具、电子游戏等衍生产品的生产和经营的产业。动漫业是我国最具发展潜力的新兴产业之一，也是被我国政府列为重点扶持计划的文化产业。近年来，由于我国政府产业政策的大力扶持，我国动漫业正以惊人的速度发展，成为一种新的文化产业增量已是必然。

近几年，我国的动漫业在国家政策和一系列专项资金的扶持下取得了快速发展，一大批优秀的动漫品牌迅速崛起，动漫制作水平大幅提升，在市场上涌现了一大批动漫品牌的衍生品，取得了良好的经济效益与社会效益。可以说，动漫业在推动我国文化产业结构升级、加快转变经济发展方式方面发挥着日益重要的作用。动漫业作为新兴产业，急需大量动漫人才的加盟。目前我国动漫业企业有 4600 多家、从业人员约 22 万人，然而核心人才匮乏的现象并未从根本上得到改善。一个现实的情况是，专业教师与实践脱节，相关学院与产业发展脱节，行业本身技术更新快，这些都对人才供给提出了严峻的挑战。具备较高的审美素养和审美能力，熟练掌握动漫设计的基本知识和基本技能，具有较强的实践能力和创新意识，并且能从事电脑美术创作、影视动画创意、广告制作、动画特效制作的应用技术型复合动漫人才非常急缺。有数据显示，在近三至五年我国动漫人才缺口扩大至 60 万人。[①] 本文以动漫业招聘信息为研究样本，通过词频统计分析动漫业用人单位对从业人员在学历、职业技能、语言能力、职业素养、性格品德等方面的现实要求，以期为动漫专业学子与动漫教育工作者提供一些参考。

二　研究方法与内容

（一）研究问题

动漫产业被称为"新兴朝阳产业"，具有完善的产业体系，是劳动和知识密集型的产业，是我国文化产业的重要组成部分。目前，我国动漫业进入全面发展时期，具有很大的发展空间和商业价值，就业前景广阔。培养一批熟悉动漫设计基本理论知识，具有动画艺术创作的基本技能，能从事电脑美术创作、影视动画创意、广告制作、动画特技制作的应用技术型复合人才，已经成为动漫业发展的迫切需要。但是，动漫业对动漫人才的具体要求有没有一个量化的指标或数据？怎样能使初出校门的学生得到行业的青睐？要做到这一点，动漫教育工作者就要了解市场，要了解市场对动漫人才有什么需求，要求动漫从业者具备何种学历，掌握什么技能，具备什么样的职业素养、什么性格或是品质，有什么语言能力要求，分布在哪些行业和领域？这是摆在动漫从业者、动漫教育工作者面前的前置性问题。大学动漫专业要如何设置课程体系、如何开展教学工作、如何培养面向动漫人才市场的专业人才，是高等院校动漫专业发展过程中面临的突出问题。本章通过对动漫招聘信息的词频统计分析，力图用数据揭示动漫业的人才选用标准和要求。

（二）研究样本

本文选取 2017 年 1 月至 6 月的 120 家动漫公司的招聘信息为研究样本，总字词符号数量达到 6 万有余：（1）选择动漫企业全面、具体，具备样本的覆盖性；（2）选择动漫企业具有一定代表性，均为行业领

---

① 《2016 年中国动漫行业市场现状及发展前景分析》（http：//www.chyxx.com/industry/201605/418229.html）。

域内领军或者有知名作品产出的企业；（3）选择的动漫公司具有一定受众规模和传播力、影响力；（4）既选择传统国有动漫企业，也选择民营动漫企业、小型动漫工作室等；（5）选择动漫企业的地域分布尽可能分布广泛；（6）选择动漫工作岗位分布均衡，既包括内容创制岗位，也包括技术、运营等岗位。遵循这6条标准，从中选取120家动漫公司招聘信息。

样本来源主要是动漫公司官方网站发布的招聘信息、专业招聘网站发布的动漫人才招聘信息，以及微博"媒体招聘信息"发布的动漫人才招聘信息，微信公众号"媒体招聘信息""新闻实习生""刺猬公社"等发布的动漫人才招聘信息。招聘信息文本来源广泛，具有一定的覆盖面和代表性。

（三）研究方法

1. 词频统计

词是文献中承载学术概念的最小单位，词频统计是一种情报学的定量分析法。词频——反转文件频率，是一种基于情报检索和文本挖掘的常用加权技术，用来评估一个词对于一个文件或者一个语料库中的一个领域文件集的重要程度。传统文献分析法带有一定的个人偏好和主观经验，不一定可以窥探文献背后所隐藏的深层次意义。词频统计是指统计出某个文本中各个字词出现的次数与频率，作为一种科学的定量研究方法，词频统计分析可以透过现象看本质，具有一定的准确性、客观性、系统性、标准性，因而被广泛应用于人文社科领域的多个学科的研究中，并且取得了非常丰硕严谨的研究成果。本文使用 Python 编程语言，选择"做最好的中文分词组件"的"Jie ba"（结巴分词）中文分词库，利用计算机软件分词技术将汇集的招聘信息拆散成词组和单个字符，并对拆散的词组依照出现频率进行统计，将统计数值按照从大到小的顺序进行依次排列，词频统计通过对收集的120家动漫公司招聘信息，进行分词和 TF—IDF 词频统计，一共有词数3383个，包括半角符号和数字在内，词频统计排名前100位的词语见表1。

2. 指标设计

基于 TF—IDF 词频统计结果仅为散乱词频数据，缺乏具体评价维度。本文人工设置如下维度：（1）前18位散乱关键词词频排名；（2）动漫业职业素养类词频排名，如能力、经验、负责等；（3）职业态度词语词频排名，如喜欢、热爱、积极、主动、激情等；（4）热门软件技能词汇词频统计排名，主要为 Photoshop、IOS、Edius、Office 等从业者所学技术类；（5）学历要求关键词词频统计排名，主要为专科、本科、硕士、博士，以研究分析用人单位对于从业者的学历要求；（6）招聘岗位词频排名，研究分析用人单位不同岗位的需求量；（7）核心产品形态关键词词频统计排名，包括视频、图片、动画等，用以研究分析用人单位对不同媒介呈现形态的需求；（8）语言能力关键词词频统计排名，包括汉语、英语、法语、日语等，用以研究分析用人单位对从业者外语语言要求；（9）招聘单位地区关键词词频排名，如北京、上海、广州等，用以研究分析动漫从业者就业区域分布；（10）专业背景词统计排名，包含动漫学、传播学、美学等，用以研究分析用人单位对从业者跨学科背景能力要求。通过对以上几个维度的关键词词频统计，总体分析研究媒体对从业者的各项基本需求状况。

三　招聘信息文本词频统计分析与发现

表1　TF—IDF 词频统计分析结果（前100位）

排名	词语	词频	频率
1	工作	631	1.1746
2	能力	475	0.8842
3	经验	423	0.7874
4	动漫	416	0.7744
5	策划	332	0.618
6	公司	274	0.5101
7	学历	263	0.4896
8	动画	248	0.4617
9	媒体	241	0.4486
10	制作	220	0.4095
11	日期	202	0.376
12	性质	199	0.3704

续表

排名	词语	词频	频率
13	项目	189	0.3518
14	影视	188	0.35
15	职位	185	0.3444
16	地区	182	0.3388
17	负责	182	0.3388
18	推广	165	0.3072
19	良好	163	0.3034
20	市场	160	0.2978
21	熟悉	156	0.2904
22	专业	153	0.2848
23	沟通	144	0.2681
24	完成	143	0.2662
25	企业	141	0.2625
26	有限公司	138	0.2569
27	团队	135	0.2513
28	设计	134	0.2494
29	全职	132	0.2457
30	类别	122	0.2271
31	合作	120	0.2234
32	描述	120	0.2234
33	文化	117	0.2178
34	职责	115	0.2141
35	运营	114	0.2122
36	广告	110	0.2048
37	文案	106	0.1973
38	文字	105	0.1955
39	执行	100	0.1862
40	大专	98	0.1824
41	传播	97	0.1806
42	活动	96	0.1787
43	软件	95	0.1768
44	管理	93	0.1731
45	撰写	92	0.1713

续表

排名	词语	词频	频率
46	待遇	90	0.1675
47	营销	90	0.1675
48	编辑	88	0.1638
49	网络	88	0.1638
50	游戏	88	0.1638
51	艺术	87	0.162
52	创意	86	0.1601
53	方案	86	0.1601
54	精神	84	0.1564
55	性别	82	0.1526
56	资源	78	0.1452
57	外语	77	0.1433
58	独立	76	0.1415
59	福利	76	0.1415
60	客户	76	0.1415
61	后期	75	0.1396
62	品牌	75	0.1396
63	发布	74	0.1378
64	分析	73	0.1359
65	内容	72	0.134
66	熟练	72	0.134
67	职称	72	0.134
68	本科	70	0.1303
69	地点	70	0.1303
70	剪辑	70	0.1303
71	产品	69	0.1284
72	规模	69	0.1284
73	宣传	68	0.1266
74	创作	65	0.121
75	年龄	63	0.1173
76	协调	62	0.1154

续表

排名	词语	词频	频率
77	作品	62	0.1154
78	科技	61	0.1136
79	功底	60	0.1117
80	热爱	60	0.1117
81	流程	59	0.1098
82	信息	58	0.108
83	漫画	55	0.1024
84	表达	54	0.1005
85	导演	54	0.1005
86	发行	54	0.1005
87	剧本	54	0.1005
88	组织	54	0.1005
89	北京	52	0.0968
90	制定	52	0.0968
91	丰富	51	0.0949
92	互联网	50	0.0931
93	新闻	50	0.0931
94	专员	50	0.0931
95	维护	49	0.0912
96	业务	47	0.0875
97	语言	47	0.0875
98	责任心	47	0.0875
99	少于	46	0.0856
100	渠道	45	0.0838

总体词语为 3383 个,包括英文在内。我们选取词频排名前 100 名的关键词。

图 1 关键词词频统计排名前 18 位结果显示,关键词"能力""经验"排名前两名。通过这一关键词词频排名,我们可以看出动漫业对动漫从业者的实际工作经验和能力要求很高。其次,"动漫""策划""动画""媒体"等与动漫工作密切相关的关键词,说明动漫业的主要

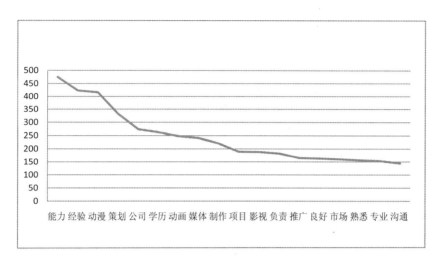

图1　关键词词频统计分析结果

工作进行动漫节目的制作与播出，其中，"影视""动画""制作"等关键词勾勒出动漫行业的大致职业轮廓。同时"熟悉""良好"等关键词表现目前动漫对从业者职业态度的要求。传统动漫受新媒体技术发展的影响，人才需求有所变化。

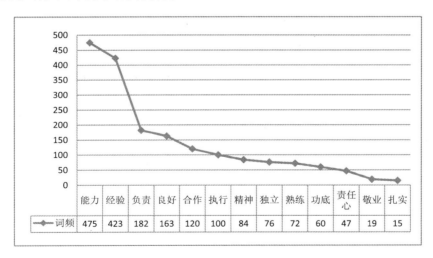

图2　职业素养词频统计结果

从图2中我们可以看出，关键词"能力""经验"分别排名第一、二位，表明动漫企业对从业者的工作能力和经验有比较高的要求。可见，动漫属于文化创意产业，经验和能力在工作中占据核心地位。动漫教育应该注重培养学生的实践工作能力，加强实习和经验积累。同时，"负责""良好""合作""精神"等关键词排名靠前，表明动漫企业重视从业者的个人工作能力、工作态度以及团队合作精神。动漫企业的工作人员还要具有一定的交流能力。另一方面，"功底""扎实""敬业"等关键词表明动漫业突出对职业素养的要求，动漫业员工均要具备较高的基础素养。

如图 3 所示，职业态度关键词词频统计中"热爱""积极""热情""兴趣""主动"分列第一、二、四、六位，体现动漫企业招聘需求突出对从业者对工作的职业情感的要求。动漫制作是辛苦的工作，一部动漫作品从开始绘画、角色设计、场景设计，接着分镜头设计、上色，然后合成、剪辑视频、配音到视频输出，环节比较漫长。另外，定格动画需要各种道具，3D 动画需要建模，工作过程烦琐而细致，这就需要从业人员对动漫有极高的兴趣，热爱动漫创意事业，积极从事动漫创意工作。另一方面，"承受""抗压"等强调从业者要具备吃苦承压的坚强性格品质。动漫企业为了追求时效，赶时间加班是正常工作状态，这就需要从业者具备一定的抗压能力。同时，"外向"体现出动漫企业对动

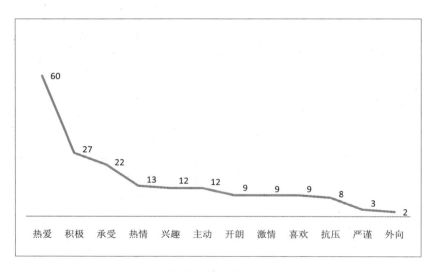

图 3　职业态度关键词词频统计结果

漫创意从业者性格方面的要求。

表 2　学历要求词频统计结果

排名	词语	词频	频率
1	本科	70	0.1303
2	专科	8	0.0149

　　学历类词汇统计分析结果显示，90%的动漫企业招聘人才要求本科学历，10%的动漫企业要求专科学历。本专科学历共同占比为100%，也就是说动漫企业一般要求具备本科学历即可。通过梳理具体招聘信息，显示比较知名的动漫企业学历要求以本科学历为主，而一般小的动漫企业基本上没有本科学历的硬性要求。发达城市动漫从业者的学历门槛要求较高。总体来说，动漫企业在用人时并不简单地唯学历化，而是更关注实际能力，但随着教育水平的提高和行业的快速发展，动漫业高学历人才比例将不断增加。而一般地区的动漫公司对学历要求相对低且宽松，两者都重视从业者的业务能力。传媒就业者想要进入一线动漫企业，一般需要具备本科学历即可。学历要求专科以上的主要集中为部分动漫企业需要的少量专业技术较强的岗位，比如剪辑或是后期技术

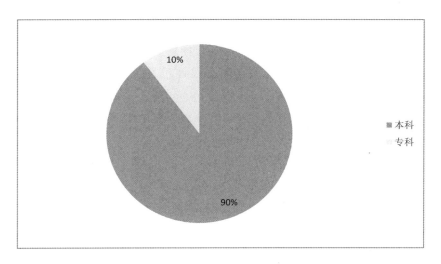

图 4　学历要求占比统计结果

人员。所以，动漫从业人员只要具备本科或专科学历即可满足动漫业的工作岗位需求。

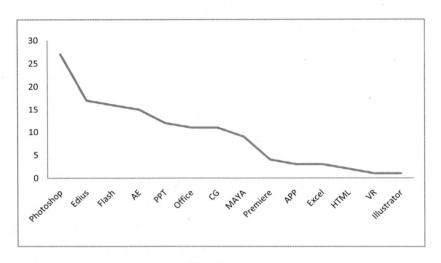

图 5　热门软件技能词频统计结果

图 5 热门软件技能词汇类词频统计结果中，图片处理软件 Photoshop 位列第一，排名第十四位的是图片处理软件的 Illustrator。动漫设计主要是通过漫画、动画相结合，以三维动画或是特效的表现方法形成独有的艺术创作。动漫设计包括前期策划、原画、道具与场景设计、动漫角色设计、二维动画设计、3D 道具与场景设计、动漫三维角色制作、三维动画特效设计等部分。而在动漫设计过程中主要需要的软件有：Photoshop、3DMax、MAYA、Lightwave、Painter、Animo、Retas Pro、Us-animation 等多种不同的软件。上述软件中，虽然罗列了很多，但动漫设计工作中，最常用的软件是 Photoshop、3DMax、MAYA。在学习动漫设计过程中，从业者一定要掌握 Photoshop、3DMax、MAYA 这三种软件的使用技能。很多动漫业务都涉及图片、海报等，这就需要相应岗位的工作人员具备一定的图片处理能力。后期方面，掌握特效制作软件 AE 和剪辑软件 Premiere、Edius 也是动漫的基本要求，主要是进行视频剪辑和特效制作。动漫视频制作后期人才需求比较大，这也反映出视频是动漫生产的核心内容。同时，很多动漫企业对从业者有一定的办公软件

技术能力要求，这也是当今时代媒体工作的必备技能。总体分析看来，动漫企业招聘信息表明用人单位对于从业者均有一定的软件技术能力要求，主要以视频与平面处理软件为主，同时部分用人单位要求从业者具备一定的编程或 VR 制作技能。

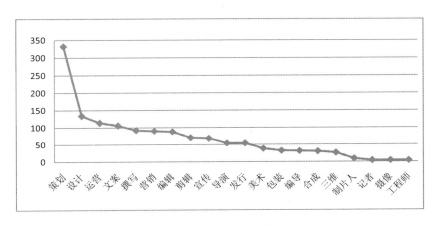

图6　招聘岗位词频统计结果

　　招聘岗位词频统计数据显示，动漫企业招聘岗位需求主要以"策划""设计""运营""文案"等为动漫媒体核心职位工作，这也体现出动漫企业需要大量运营人才。"剪辑""编辑""导演""包装""美术""合成""三维"等岗位关键词排名靠前，表明在动漫企业需要最多的依然是内容制作人员，并且分布在行业内多个不同岗位。另外，动漫企业需要诸多宣传发行人才，需要从业者通过自己的策划和文案能力，帮助动漫企业进行产品和服务的营销和运营，将其产品和名声传播出去，最终目的是实现经济效益和社会效益。这表明，动漫业人才需求主要集中在导演、剪辑、合成、包装等内容制作人员和运营、营销、宣传、发行等推广运营人员两大系列。动漫企业职业分工非常明确，不同岗位需要熟练掌握本岗位相关技能，做好自己本职工作，不同岗位之间相互协作，共同完成一部作品。三维动画是指动漫人才需要精通动画、建模、材质、灯光、渲染、约束、编程等专业技能，熟练掌握 3D Max、MAYA、Photoshop、Softimage、Aftereffects，全面了解贴图绘制和图片的处理，能够自如地控制灯光和材质，对动漫进行后期合成。Flash 动画设计是网络上流行的一种交互式动画格式，制作 Flash 动画的工具有 Swish、闪客巫师等。要求动漫人才需要熟练掌握 Flash 软件、动画规律与相关制作软件，在规定时间内完成所分配镜头的动画制作部分，并且配合背景师完成整个镜头的动画与背景部分的合成。三维 Lighter 是具有 3D 经验者良好的审美能力，熟悉 MAYA Painter Adobe Photoshop 等软件，制作动画 Lighting、Render、合成。动画编剧要求有丰富的动画剧本创作经验、良好的艺术修养、极强的团队意识，熟悉并遵守剧本创作流程，了解国内外漫画、卡通市场，有敏锐的市场前瞻能力。三维模型师要求熟练操作 MAYA、ZBrush、Photoshop 等软件，能够独立绘制贴图，擅长角色和场景建模以及贴图的绘制。需要强调的是，动漫企业对人才的美术素养要求较高，需要的都是具有扎实的绘画基础和美术专业功底的人才。

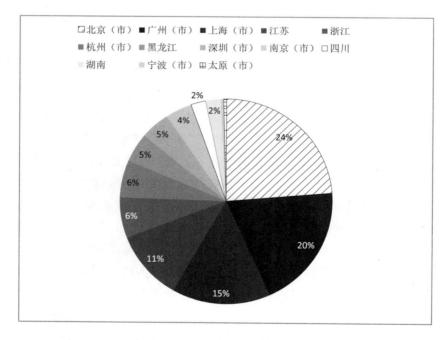

图 7　工作地区占比统计结果

图 7 招聘单位所在地区占比统计数据显示，发布动漫人才招聘信

息的动漫公司主要分布在北京、广州、上海、江苏等一线发达地区，浙江、杭州、深圳、南京等非一线地区动漫人才需求相对一线地区小很多，表明一线地区与二线地区动漫人才需求具有极大的地域差异。一线城市动漫业实力强大，周边相关产业比较完善发达，对动漫人才需求比较大。又表现为东南沿海地域人才需求比较旺盛，西北、西南、东北和中部地域动漫人才需求相对比较小。其中，北京、江苏、上海和广州以70％的比例占据全国动漫人才招聘数量的大半，众多招聘信息"工作地点仅限北京"，根本原因在于北京影视动漫产业比较发达完善，对于工作城市有严格要求。另外，广东、江苏、浙江和湖南动漫发展程度高，主要源于这几个省市影视动漫实力比较强，人才需求比较大。作为朝阳产业之一的动漫产业在广东发展势头良好。

图8核心产品形态统计结果显示，"动画"一家独大，与核心产品形态相差悬殊，也体现出动漫公司对动画这一能力要求比较高，动画成为动漫业工作人员的核心能力。另外，"文字"词频居于第二位，表明动漫企业对文字运用能力依然要求比较高。同时，视频成为动漫企业内容生产的重要内容形式，随着新媒体的发展，出现了很多新形式的动漫创意方案，视频成为动漫的核心内容形式。位列第五的"音乐"，说明

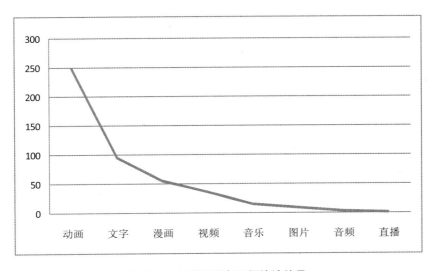

图8　核心产品形态词频统计结果

动漫业当前对于音乐内容需求比较大，配乐、配音人才需求量也随之增加。我们可以看出，当前动漫企业对于从业人才的要求主要集中在文字和视频方面，这是最基本的能力要求。"图片""音频"位于媒介内容形式词频的第二梯队，表明动漫企业对于声音、图片的需求比较大，这方面人才是动漫需要比较多的人才。

　　图9语言能力词频统计结果显示，部分动漫公司对从业人员有一定的外语语言能力要求。其中，关键词"英语""英文"占比最大，"英语水平优秀""英语一定要好""英语翻译能力过硬""有英文编译能力者优先""英语特长生优先"等，说明对外语语言能力的要求以英语语种为主。关键词"双语"进一步印证动漫对语言能力的要求，甚至有动漫公司的招聘信息中出现"英文好，英文好，英文好，重要的事情说三遍"等强调对英文能力的要求。其次，相比其他小语种，不少动漫企业需要一定的日语人才，究其原因在于日本发达的动漫产业对我国动漫业的影响力极大。随着我国经济不断增长，中外动漫文化交流日益频繁，动漫版权贸易长足发展，动漫企业还会需要一定的外语人才从事翻译、版权洽谈等工作，势必强化对动漫企业从业者外语能力的要求。

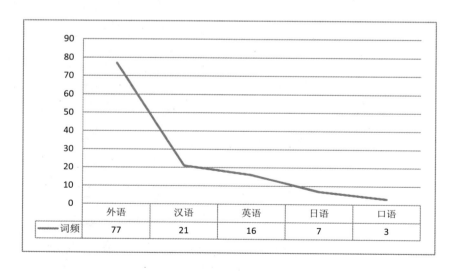

	外语	汉语	英语	日语	口语
词频	77	21	16	7	3

图9　语言能力词频统计结果

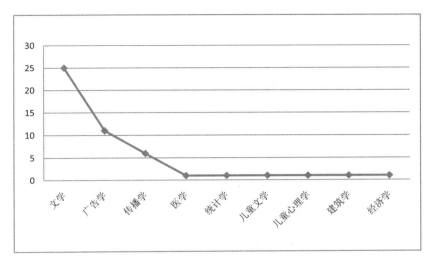

图 10　专业背景词频统计结果

　　学科专业词频统计结果表明，部分动漫公司招聘信息中明确要求招聘具有其他学科背景的动漫人才。从图 10 中我们可以看出，专业关键词"文学"排名第一位，表明动漫企业对从业者文字功底要求比较高，要具备一定的文字撰写和处理能力。"广告学"和"传播学"排名第二、三位，表明动漫公司对专业传播人才和广告人才有比较大的需求。部分动漫企业需要一定医学人才，在于医学所具有的专业性，要求该行业媒体工作者在具备基本动漫专业知识与能力的基础上，必须具备一定的医学专业背景。"儿童文学"和"儿童心理学"表明动漫作品主要面向儿童，需要懂得儿童文学和懂得儿童心理的专业人士。动漫是综合艺术，学习动画不仅需要故事、美术、影视、科学、哲学知识，还需要有对社会、人类、人性和自然的洞察能力。这都需要从业者具备综合能力。另外，动漫业具备双重性质，不仅仅要传播故事，而且还要盈利，这就导致动漫企业对广告人才需求较多。为此，我国高等院校动漫专业应该加强综合素养教育，培养复合型动漫人才，有效提升学生专业素养、丰富知识结构、培养创新能力。

四　结语

　　动漫业被誉为 21 世纪最具创意的朝阳产业。由于国家的大力扶植，近年来，我国动漫业进入蓬勃发展阶段。目前，全国已经建立动漫基地 20 多个，其中北京、广州、上海、大连、深圳、杭州、长沙、南京、成都、无锡、哈尔滨等地建立了影视动画及动漫基地，此举夯实了我国动漫发展追赶的基础，同时也为广大学子提供了广阔的就业空间。另外，随着国外大型动漫公司进入我国并且数量逐年增加，也带动了市场对动漫人才的大量需求。动漫业的常见岗位有编剧、导演、策划、摄影、角色设计师、场景设计师、动画师、上色师、场景绘制师、特效合成师、三维角色设定、影视剪辑、特效合成、渲染师、三维建模师、分镜设计师。近几年，三维动画、Flash 动画设计、三维美术人员、动画编剧、三维模型师、原画师等受到市场青睐。动漫人才市场缺口大是一种现实，高校动漫毕业生找不到理想的工作是另一种现实，究其原因是高校动漫人才的培养模式与市场需求脱离。针对这种情况，高校应该基于市场对动漫人才的能力需求，重塑人才培养目标，打造科学合理的课程体系，培养学生的综合能力。

第九章　广告业人才能力需求报告

一　引言

广告业被称为一个国家国民经济发展状况的"晴雨表"，广告业的盛衰与经济发展水平息息相关。2016 年，我国广告经营额达到 6489 亿元，是世界第二大广告市场。全国广告从业人员已超过了 300 万人。[①]近几年来，我国广告业进入了一个空前活跃时期，无论是广告公司的数量、从业人数，还是广告营业额，都呈现迅速增长的态势。2014 年，国务院印发了《关于推进文化创意和设计服务与相关产业融合发展的若干意见》（以下简称《意见》）进一步推进文化创意和设计服务等新型、高端服务业发展。《意见》的出台体现了国家对于文化创意和设计服务业的重视，为我国广告业的快速发展提供了强有力的政策支持和制度保障。当前，数字媒体技术革新和资本运作推动了广告市场的发展，广告业引进新设备、新技术和新材料，通过运用以互联网为支撑的人工智能、虚拟现实、全息投影等新兴技术，广告业态正在发生深刻变化。可以说，我国广告市场具有了更大的发展空间，前景十分乐观。那么，在广告业整体向好与行业转型的背景下，行业最急缺的人才有哪些，人才需要具有哪些能力？为了了解我国广告业人才能力需求的现状与走向，本章选取 2017 年 1 月至 6 月发布的 210 家广告公司招聘信息为研究样本进行分析。

---

① 中商产业研究院：《2017—2022 年中国广告业市场分析及发展战略咨询报告》，2017 年 3 月。

二　研究方法与内容

（一）研究问题

改革开放 40 年以来，我国广告业呈现出前所未有的良好发展态势。在广告业高速发展的形势下，如何使高校培养的广告专业人才能够更好适应现实广告业的人才市场需求，在越来越激烈的人才竞争与日趋严峻的就业形势面前取得优异的成绩？知己知彼，百战不殆，要实现良好的人才培养结果，必须了解当前广告业对专业人才的需求标准。在新广告业态下，广告业对广告人才具体有何要求？有没有一个量化的指标或数据？要求从业者具备何种学历，掌握什么技能、什么样的职业素养、什么性格或是品质，有什么语言能力要求等，这些问题是摆在广告从业者和广告教育工作者面前的行动前提。本章通过对广告行业招聘信息的词频统计分析，用数据揭示我国广告业的人才选用标准和要求。

（二）研究样本

本文选取 2017 年 1 月至 6 月的 210 家广告公司的招聘信息为研究样本，总字词符号数量达到 5 万有余，包括 4A 广告公司，国内知名广告公司、小广告公司等广告行业机构。选择标准如下：（1）选择广告公司全面、具体，具备研究价值；（2）选择广告公司具有一定代表性，均为行业领域内的标准单位；（3）选择广告公司具有一定受众规模和传播力、影响力；（4）选择国际 4A 广告公司、本土 4A 广告公司、大广告公司和小广告公司等比较均衡；（5）选择广告公司地域尽可能分布广泛；（6）选择广告公司岗位分布均衡，既包括传统文案、美术岗位，也包括技术、运营等岗位。遵循这 6 条标准，从中选取 210 家广告公司招聘信息。

招聘广告样本来源主要是广告公司官方网站发布的招聘信息，广告门、顶尖文案等行业网站发布的广告人才招聘信息，以及微博"媒体招聘信息"发布的广告人才招聘信息，微信公众号"媒体招聘信息""新闻实习生""刺猬公社"等发布的广告人才招聘信息。招聘信息文本来源广泛，具有一定的覆盖面和代表性。

（三）研究方法

1. 词频统计

词是文献中承载学术概念的最小单位，词频统计是一种情报学的定量分析法。词频——反转文件频率，是一种基于情报检索和文本挖掘的常用加权技术，用来评估一个词对于一个文件或者一个语料库中的一个领域文件集的重要程度。传统文献分析法带有一定的个人偏好和主观经验，不一定可以窥探文献背后所隐藏的深层次意义。词频统计是指统计出某个文本中各个字词出现的次数与频率，作为一种科学的定量研究方法，词频统计分析可以透过现象看本质，具有一定的准确性、客观性、系统性、标准性，因而被广泛应用于人文社科领域多个学科的研究中，并且取得了非常丰硕严谨的研究成果。本文使用 Python 编程语言，选择"做最好的中文分词组件"的"Jie ba"（结巴分词）中文分词库，利用计算机软件分词技术将汇集的招聘信息拆散成词组和单个字符，并对拆散的词组依照出现频率进行统计，将统计数值按照从大到小的顺序进行依次排列，词频统计通过对收集的 210 家广告公司招聘信息，进行分词和 TF—IDF 词频统计，一共有词数 3058 个，包括半角符号和数字在内，词频统计排名前 100 位的词语见表 1。

2. 指标设计

基于 TF—IDF 词频统计结果仅为散乱词频数据，缺乏具体评价维度。本文人工设置如下维度：（1）排名前 19 位散乱关键词词频排名；（2）职业素养类词频排名，如能力、经验、负责等；（3）职业态度类词语词频排名，如喜欢、热爱、积极、主动、激情等；（4）热门技能词汇词频统计排名，主要为 Photoshop、IOS、Edius、Office 等从业者所学技术类；（5）学历要求关键词词频统计排名，主要为专科、本科、硕士、博士，以研究分析用人单位对于从业者的学历要求；（6）招聘岗位词频排名，主要有策划、文案、设计、美术、运营等，以研究分析用人单位不同岗位的需求量；（7）核心产品形态关键词词频统计排名，包括视频、图片、动画等，用以研究分析用人单位对不同媒介呈现形态的需求；（8）语言能力关键词词频统计排名，包括汉语、英语、法语、日语等，用以研究分析用人单位对从业者外语能力要求；（9）招聘单位工作地区关键词词频排名，如北京、上海、广州等，用以研究分析媒体就业区域分布；（10）专业背景词频统计排名，包含广告学、传播学、美学等，用以研究分析用人单位对从业者跨学科背景能力要求。通过以上几个维度的关键词词频统计，总体分析研究广告业对从业者的各项基本需求状况。

三 招聘信息文本词频统计分析与发现

表 1 TF—IDF 词频统计分析结果（前 100 位）

排名	词语	词频	频率
1	能力	337	1.0737
2	客户	312	0.994
3	工作	291	0.9271
4	创意	252	0.8029
5	广告	232	0.7391
6	经验	231	0.736
7	项目	202	0.6436
8	职位	197	0.6276
9	公司	174	0.5544
10	沟通	148	0.4715
11	设计	137	0.4365
12	团队	137	0.4365
13	薪资	135	0.4301
14	经验	134	0.4269
15	类型	133	0.4237
16	全职	133	0.4237
17	执行	126	0.4014
18	相关	123	0.3919
19	负责	121	0.3855
20	服务	118	0.3759
21	媒体	114	0.3632

续表

排名	词语	词频	频率
22	品牌	113	0.36
23	要求	112	0.3568
24	管理	107	0.3409
25	策略	103	0.3282
26	具备	102	0.325
27	具有	102	0.325
28	良好	98	0.3122
29	优先	95	0.3027
30	行业	93	0.2963
31	策划	90	0.2867
32	完成	84	0.2676
33	北京市	83	0.2644
34	方案	78	0.2485
35	媒介	77	0.2453
36	传播	72	0.2294
37	网络	71	0.2262
38	需求	70	0.223
39	专业	70	0.223
40	活动	69	0.2198
41	任职	68	0.2166
42	美术	68	0.2166
43	不限	67	0.2135
44	指导	62	0.1975
45	学历	61	0.1943
46	独立	57	0.1816
47	岗位	55	0.1752
48	资源	55	0.1752
49	本科	54	0.172
50	互联网	54	0.172
51	协调	54	0.172
52	作品	53	0.1689

续表

排名	词语	词频	频率
53	进行	52	0.1657
54	文案	51	0.1625
55	提案	50	0.1593
56	制作	50	0.1593
57	经理	49	0.1561
58	分析	48	0.1529
59	合作	48	0.1529
60	熟悉	48	0.1529
61	工作	46	0.1466
62	部门	46	0.1466
63	市场	46	0.1466
64	了解	45	0.1434
65	数字	45	0.1434
66	提供	45	0.1434
67	优秀	45	0.1434
68	总监	45	0.1434
69	撰写	44	0.1402
70	内容	41	0.1306
71	熟练	41	0.1306
72	能够	40	0.1274
73	企业	40	0.1274
74	汽车	39	0.1243
75	公关	38	0.1211
76	文字	38	0.1211
77	业务	37	0.1179
78	一定	37	0.1179
79	学历	36	0.1147
80	整合	36	0.1147
81	包括	35	0.1115
82	解决	35	0.1115
83	介绍	35	0.1115
84	公司	34	0.1083
85	产品	34	0.1083

续表

排名	词语	词频	频率
86	我们	34	0.1083
87	上海市	33	0.1051
88	投放	33	0.1051
89	丰富	32	0.1019
90	日常	32	0.1019
91	软件	32	0.1019
92	协助	32	0.1019
93	关系	31	0.0988
94	互动	31	0.0988
95	平面	31	0.0988
96	以及	31	0.0988
97	制定	31	0.0988
98	资深	31	0.0988
99	把握	30	0.0956
100	北京	30	0.0956

　　总体词语为 3058 个，包括英文在内。我们选取词频排名前 100 名关键词。

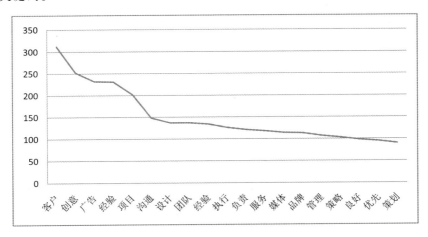

图1　关键词词频统计分析结果

图1关键词词频统计排名前19位结果显示，广告行业用人单位关键词有"客户""创意""广告""经验""项目""沟通""设计"等。通过这一关键词词频，我们可以看出广告行业用人单位需求以"客户""创意"为主要导向，最终目的是为广告客户服务，做出能够为客户的产品和服务创造价值的广告产品。在如今这个广告满天飞、处处皆广告的时代，广告作品只有具备一定的创意才能够吸引消费者的注意力，所以广告行业对从业者的创意能力要求非常高，这是其行业特征所致。工作岗位需求主要以设计、策划为主，同时"执行""负责""良好"等关键词表明目前广告行业对从业者态度的要求。传统广告业受新媒体技术发展的影响，人才需求有所变化，"创意""项目""沟通""设计"体现广告业的工作特色，以客户为主导，需要进行多方沟通协调，在客户满意的情况下为客户提供具有一定创意的广告产品和服务。

我们可以从图2看出，职业素养关键词中"能力""经验"等分别排名第一、二位，表明广告业对从业者的工作能力和经验有比较高的要求。广告业是充满朝气与活力的行业，是许多年轻人喜欢的职业，越来越多的年轻人投身到这一行业，但要成为一名合格的广告从业人员，至少需要有数年的磨合和历练才能达到企业的需求。所以，广告业紧缺的是专业化程度高、有工作经验的人。广告业属于文化创意产业，创意

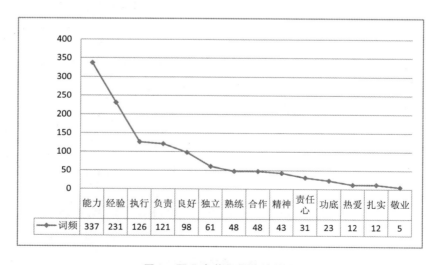

	能力	经验	执行	负责	良好	独立	熟练	合作	精神	责任心	功底	热爱	扎实	敬业
词频	337	231	126	121	98	61	48	48	43	31	23	12	12	5

图2 职业素养词频统计结果

在能力中占据核心地位，根本目的在于为客户服务。高校广告教育者应该注重培养学生的实践工作能力，加强实习和经验积累。同时，"执行""负责""独立""合作"等关键词排名靠前，表明广告业重视从业者的执行能力、负责态度和团队合作精神。作为广告公司的工作人员，需要和广告客户以及其他合作伙伴进行多方位多层次的沟通，这就需要从业人员具备一定的沟通能力和团队合作精神。另一方面，"功底""扎实""熟练"等关键词表明广告业突出对职业素养的要求，广告公司员工要具备过硬的职业素养。

　　职业态度关键词词频统计中，"积极""热爱""热情""兴趣"分列第一、三、四、五位，体现广告公司招聘突出对从业者职业态度的要求。广告业的工作不同于专业媒体工作，每天的工作都需要与广告主、媒体等该领域的专业人员和内容打交道，为了满足客户的要求，这就需要从业人员对广告行业有一定的兴趣，热爱广告创意事业，积极从事广告创意工作。另一方面，"承受""抗压"等强调从业者要具备吃苦承压的坚强性格品质。不同于专业传媒机构分工非常细化，广告业为了满足广告主的需求，经常要多次修改广告方案，进行多次制作，熬夜比稿是家常便饭，这就需要从业者具备一定的抗压能力。同时，"开朗""外向"体现出广告业用人单位对广告创意从业者性格方面的要求。有

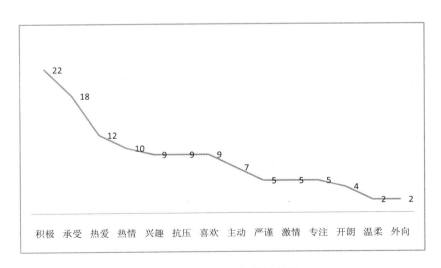

图 3　职业态度词频统计结果

著名4A广告公司的职业态度要求是"具备良好的工作习惯，做事认真、细致；具备团队合作精神，有很强的上进心，心态阳光有品位"。有广告公司表示，"不会做梦的，别来；不爱较劲的，别来；不想出色的，别来；不需要自由的，别来；不喜欢有趣的人，别来；不想好点子被看见，别来；不想做些酷酷的事情，别来；不想被优秀的客户尊敬的，别来；不想和伙伴一起开生日会的，别来；不想被同行们羡慕嫉妒恨的，别来。只要你具备三项，我们一定热泪盈眶"。语言形象生动，却直击广告从业人员职业态度的核心。

表2　学历要求词频统计结果

排名	词语	词频	频率
1	本科	54	0.172
2	硕士	1	0.0032
3	专科	14	0.0446

　　学历类词汇统计分析结果显示，78%的广告公司招聘人才要求本科学历，2%的广告公司要求硕士学历。本硕学历共同占比为80%，也就是说广告业用人单位一般要求具备本科学历即可，通过梳理具体招聘信

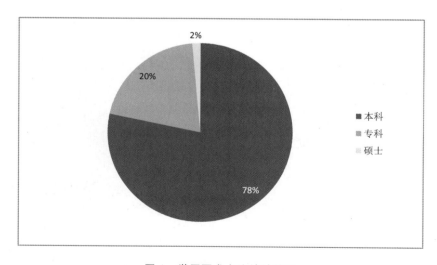

图4　学历要求占比统计结果

息，我们发现要求硕士学历的是万博宣伟、蓝色光标、奥美广告等国际知名广告公司，而一般小的广告公司基本上没有硕士学历的硬性要求。广告公司对广告从业者的学历门槛要求高且严格，而一般的小企业或是行业公司对学历要求相对低且宽松。广告就业者想要进入国际知名 4A 广告公司，一般需要具备硕士学历或出身较好的本科学历。学历要求专科以上的主要集中为部分广告公司需要少量专业技术较强的岗位，至于博士在招聘信息中没有显示，没有一家有硬性要求。所以，广告业从业人员只要具备本科或硕士学历即可满足广告公司的工作岗位需求。虽然大多数广告公司都要求从业者拥有本科学位，但是应聘者如从事文案、平面设计、插画设计等工作，专科甚至中专都不会受到拒绝，因为这些职位一般看重的是工作能力与作品。

图 5 热门软件技能类词频统计结果中，图片处理技术软件 Photoshop 位列第一，同为图片处理软件的 Illustrator 排名第五位，某广告公司招聘信息为"熟练使用 PS，具备进行基础图片处理能力"，即使是招聘实习生，掌握图像处理能力的也会被优先录取，表明广告公司对于创意人才需求的一个重要技能就是图片处理技术。很多广告公司的业务都涉及图片、海报等，这就需要相应岗位的工作人员具备一定的图片处理能力。Precision 移动工作站成为广告从业者的一项非常重要的技能，尤其是设计师岗位。后期方面特效制作软件 AE 和剪辑软件 Premiere、Edius 也是广告公司的基本要求。当前，不少企业选择使用视频进行广告传播，尤其是短视频兴起的这几年，广告公司拥有一定的优势进行短视频制作和传播，对人才的视频剪辑和处理能力有一定需求。总体来看，广告公司招聘信息表明，用人单位对于从业者均有一定的软件技术能力要求，主要以图片处理软件为主，同时部分用人单位要求从业者具备一定的视频软件处理技能。

图 6 招聘岗位词频统计数据显示，广告公司招聘岗位主要是"营销""设计师""策划""文案""运营"等为广告核心职位工作，广告人才需求主要为"营销""设计""策划"核心人才，这也体现出广告业对人才的需求与专业媒体人才需求之间的差别。"策划"要求从业者具备很强的逻辑性，有灵活而相对严谨的思维。"文案"的任务是创作广告文字文本，需要卓越的文字功底。"设计师"要有卓越的审美和平

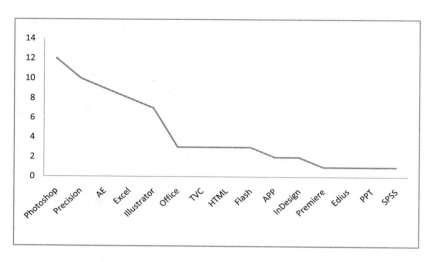

图5　热门软件技能词频统计结果

面设计能力。策划人才、文案人才与美术人才是广告业的支柱性人才，在广告市场的激烈竞争中，广告公司迫切需要这种能给公司带来立竿见影效益的人才。"营销""策划""文案""运营"等岗位关键词排名靠前，表明在广告业，从业者的主要工作就是通过自己的策划和文案能力，帮助企业主进行产品和服务的营销和运营。某著名广告公司招聘新媒体互动文案岗位，要求"互联网老司机，满脑子都是网络热点，段子、神转折、吃瓜吐槽，分分钟引爆网友 G 点"。另有广告公司招聘新

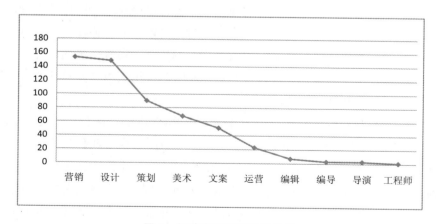

图6　招聘岗位词频统计结果

媒体文案时写道"希望你是网络成瘾患者，对网络热点高度敏感，能在各种文字风格间一秒切换，自带段子手天赋"。有广告公司提出"语不惊人死不休。偏执指数 = 文案阅读量 + 粉丝量"的观点。这表明在广告公司里，人才主要集中在策划、文案等内容制作人员和运营、营销等推广运营人员。文案是广告业核心价值生产岗位，要求从业者能迅速捕捉到所服务客户的企业文化内涵、企业精神或者品牌理念，同时具备卓越的文字表达能力。"导演""编导"等关键词表明在大视频时代，广告营销不仅仅局限于单纯的文字和图片，而且开始开发和挖掘视频的营销和推广价值，尤其是在短视频时代，视频播出平台的普遍和简易，使得任何企业、任何机构都可以制作和传播视频内容，促使广告业对视频拍摄和剪辑加工人才需求的攀升。

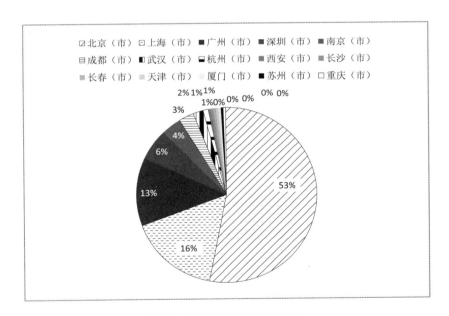

图 7　工作城市占比统计结果

广告招聘单位所在城市占比统计数据显示，发布广告人才招聘信息的广告公司主要分布在北京、上海、广州、深圳等一线发达城市，重庆、长春、长沙、西安、天津、苏州等非一线城市，广告人才需求相对一线城市小很多。一线城市广告机构比较集中，广告市场需求比较大，广告公司比较集中，尤其是国际知名4A广告公司总部全部集中在一线城市，对广告人才需求比较大。北京、上海的广告市场是全国最活跃的，这两个城市聚集了世界众多4A广告公司，决定了广告人才的激烈竞争态势。东南沿海地区人才需求比较旺盛，西北、西南、东北和中部地域，广告人才需求相对比较小。其中，北京以53%的比例占据全国广告人才招聘的半壁江山，众多招聘信息"工作地点仅限北京"，对于工作城市有严格要求，主要源于北京地区有较为集中的大型广告机构和国际知名广告公司。另外表现突出的是"上海"，占比16%，发达的经济和较宽的国际视野，使得上海的广告创意人才和公司比较多，人才需求比较大。其他省市里，"广州""深圳"词频率各为13%和6%，表明沿海地区具备较为超前的广告传播意识。总体而言，广告业对于广告人才的需求与地区经济水平呈正相关。

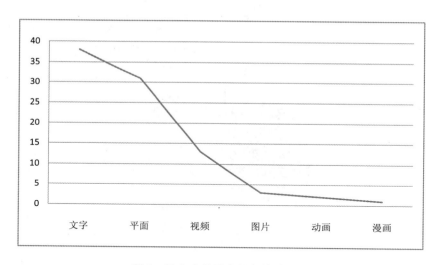

图8 核心产品形态词频统计结果

图8核心产品形态词频统计结果显示，"文字"一家独大，与其他核心产品形态相差悬殊，也体现出广告业对文案能力要求比较高，文字（文案）依然是广告业主要的传播形式。另外，"平面"词频居于第二位，表明平面广告设计能力要求比较大。随着新媒体的发展，出现了很多新形式的广告创意方案，但是平面广告依然占据广告业的主导地位。在广

告业内,除了传统广告,互联网广告的方兴未艾也为这一行业提供了更多的工作机会,互联网策划与营销方面的人才是近期广告职场上的热门岗位。"视频"和"图片"分列第三、四位,表明新媒体正在成为重要的广告内容传播平台。我们可以看出,当前广告业对于广告从业人才的能力要求主要集中在文图和视频内容生产方面,这也是最基本的能力要求。"动画""漫画"位于核心产品形态词频的第二梯队,以其形象化、动态化、互动性等特点,比较受新媒体广告青睐,这方面人才也是广告业需求比较多的人才。

语言能力词频统计结果显示,部分广告公司对从业人员有一定的外语语言能力要求。其中,关键词"英语"占比最大,"英语水平优秀""英语一定要好""英语翻译能力过硬""有英文编译能力者优先""英语特长生优先"等说明对外语语言能力的要求以英语语种为主,这也提示高校广告专业必须加强广告专业学生的语言能力的培养,尤其是英语语言能力。关键词"双语"进一步印证广告业对语言能力的要求,甚至有广告公司的招聘信息中出现"英文好,英文好,英文好,重要的事情说三遍"等强调对英文能力的要求。很多知名广告公司的客户大多为世界 500 强公司,这就需要一定的双语人才。随着广告业的进一步开放,广告从业人员与外籍同行、客户沟通的机会越来越

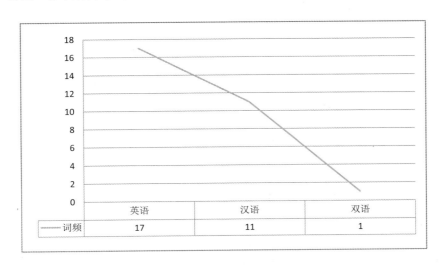

	英语	汉语	双语
词频	17	11	1

图9 语言能力词频统计结果

多，拥有较强的外语能力是从业者必须具备的技能。此外，一些国际品牌与客户期望策划及创意人员能够从国际市场的角度思考问题，而要具备国际眼光，语言是基础的条件。

　　图10学科专业词频统计结果显示，专业关键词"广告学"排名第一位，表明广告业对从业者专业能力要求比较高，不同于记者这一职业，需要其他学科的人从事记者工作，广告业主要要求就是本专业人才。"传播学"位列第二，说明广告公司对营销人才的需求非常大，或者说是对人才的营销能力要求比较高。广告业的核心在于传播和说服，这就需要深刻掌握传播知识和技能的传播人才多。其次是"美学"，广告业属于创意产业，需要人才具有专业的视觉审美能力。在注意力经济时代，人们的注意力资源非常稀缺，这就需要广告人员能够制作出具备美感、能够制作出抓取消费者注意力的广告作品。另外，在招聘人才时，不少广告公司都要求从业者具有营销、社会学和国际关系等专业背景，熟悉媒体运作或协调政府关系。

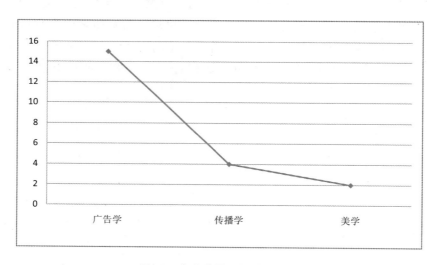

图10　专业背景词频统计结果

四　结语

　　新媒体的迅猛发展给国内广告教育提出了新的课题，那就是如何培养适应新媒体环境的广告人才。广告被誉为"时代之子"，新媒体环境的改变、传统传播方式的突破、科技的迅猛发展以及行业核心人才竞争的日益激烈等种种迹象显示，一个具备与时俱进的创新精神，懂得新媒体技术的人才将是未来广告行业的希望。目前全国有广告专业院校270多所，在校生至少超过4.5万人，每年的毕业生也有1万多名，但实际情况却是用人单位虽然常年招聘，适合岗位的人才却很少。如何使初出茅庐的毕业生迅速适应广告业的实际需求，成为广告行业需要的可造之才是广告院系人才培养不容忽视的现实问题。

第十章　公关业人才能力需求报告

一　引言

　　公关业的核心业务是品牌管理，它涉及品牌形象的定位、品牌传播和品牌维护。作为一项专业服务，它帮助客户根据市场的变化制定长期的品牌战略，并实施一系列的行动计划，树立并维护良好的品牌形象，以争取更多社会和公众的支持。我国公关行业起步较晚，但发展迅速，市场规模不断扩大，取得了长足发展，其主要服务于汽车、快速消费品、互联网、通信、IT业、制造业、金融、医疗以及房地产。目前公关行业服务的领域不断扩大，公关人才需求呈现多样化的趋势，社会对公关人才需求的数量和质量也有所提升。近年来，我国公关行业的市场需求十分旺盛，目前全国有专业公关公司1000余家，对人才的需求数量保持着每年30%的增长速度。随着公关人才的需求增长，原本从事市场、媒体、新闻、中文的部分人才将眼光投向了公关行业。劳动和社会保障部统计的数字表示，我国近几年的岗位需求中，公关行业一直都名列前茅。随着公关行业日益成熟和人们对它的逐步认可，公关工作正广泛地渗透在各行各业，人才的需求也日益多样化。为了了解我国公关人才能力结构的需求现状，本章选取2017年2月至6月的110家公关公司招聘信息为研究样本，通过词频分析方法透析公关公司对人才在学历、职业技能、语言能力、职业素养、性格品德等方面的要求。

二　研究方法与内容

（一）研究问题

公关公司对公关人才的具体要求有没有一个量化的指标或数据？公关公司对人才有什么需求，要求从业者具备何种学历，掌握什么技能，什么样的职业素养，什么性格或是品质，有什么语言能力要求等等，上述问题是摆在应聘者面前的一个重要问题。大学公关专业如何设置课程体系、如何开展教学工作，如何培养公关人才，培养什么能力结构的公关人才，是高等院校公关人才培养面临的突出问题。本章通过对公关公司招聘信息的词频统计分析，用数据揭示公关公司的人才选用标准和要求。

（二）研究样本

本文选取 2017 年 2 月至 6 月的 110 家公关公司的招聘信息为研究样本，总字词符号数量达到 4 万有余。选择标准如下：（1）选择公关公司全面、具体，具备研究价值；（2）选择公关公司具有一定代表性，均为行业领域内的标准单位；（3）选择公关公司具有一定受众规模和传播力、影响力；（4）选择外资公关公司和本土公关公司，兼顾平衡；（5）选择公关公司地域尽可能分布广泛；（6）选择公关公司岗位分布均衡，既包括传统岗位，也包括新兴岗位。遵循这 6 条标准，从中选取110 家公关公司招聘信息。

样本来源主要是公关公司官方网站发布的招聘信息，中国公关信息网、专业招聘网站发布的公关人才招聘信息，以及微博如"媒体招聘信息"发布的公关人才招聘信息，微信公众号如"媒体招聘信息""新闻实习生""刺猬公社"等发布的公关人才招聘信息。招聘信息文本来源广泛，具有一定的覆盖面和代表性。

（三）研究方法

1. 词频统计

词是文献中承载学术概念的最小单位，词频统计是一种情报学的定量分析法。词频——反转文件频率，是一种基于情报检索和文本挖掘的常用加权技术，用来评估一个词对于一个文件或者一个语料库中的一个领域文件集的重要程度。传统文献分析法带有一定的个人偏好和主观经验，不一定可以窥探文献背后所隐藏的深层次意义。词频统计是指统计出某个文本中各个字词出现的次数与频率，作为一种科学的定量研究方法，词频统计分析可以透过现象看本质，具有一定的准确性、客观性、系统性、标准性，因而被广泛应用于人文社科领域多个学科的研究中，并且取得了非常丰硕严谨的研究成果。本文使用 Python 编程语言，选择"做最好的中文分词组件"的"Jie ba"（结巴分词）中文分词库，利用计算机软件分词技术将汇集的招聘信息拆散成词组和单个字符，并对拆散的词组依照出现频率进行统计，将统计数值按照从大到小的顺序进行依次排列，词频统计通过对收集的 110 家公关公司招聘信息，进行分词和 TF—IDF 词频统计，一共有词数 2907 个，包括半角符号和数字在内，词频统计排名前 100 位的词语见表 1。

2. 指标设计

基于 TF—IDF 词频统计结果仅为散乱词频数据，缺乏具体评价维度。本文人工设置如下维度：（1）排名前 30 位散乱关键词词频排名；（2）职业素养类词频排名，如能力、经验、负责等；（3）职业态度词语词频排名，如喜欢、热爱、积极、主动、激情等；（4）热门软件技能汇词频统计排名，主要为 Photoshop、IOS、Edius、Office 等从业者所学技术类软件；（5）学历要求关键词词频统计排名，主要为专科、本科、硕士、博士，用以研究分析用人单位对于从业者的学历要求；（6）招聘岗位排名，主要有策划、运营、文案等，以研究分析用人单位不同岗位的需求量；（7）核心产品形态关键词词频统计排名，包括视频、图片、动画等，用以研究分析用人单位对不同媒介呈现形态的需求；（8）语言能力关键词词频统计排名，包括汉语、英语、法语、日语等，用以研究分析用人单位对从业者外语语言要求；（9）招聘单位工作地区关键词词频排名，如北京、上海、广州等，用以研究分析媒体就业区域分布；（10）专业背景词统计排名，包含公关学、传播学、美学等，用以研究分析用人单位对从业者跨学科背景能力要求。通过以上几个维度的关键词词频统计，总体分析研究公关行业对从业者的各项基本需求状况。

三 招聘信息文本词频统计分析与发现

表 1 TF—IDF 词频统计分析结果（前 100 位）

排名	词语	词频	频率
1	公关	443	1.353
2	客户	419	1.2797
3	媒体	287	0.8765
4	能力	269	0.8216
5	工作	253	0.7727
6	项目	222	0.678
7	公司	205	0.6261
8	管理	185	0.565
9	传播	174	0.5314
10	活动	172	0.5253
11	经验	162	0.4948
12	策划	158	0.4826
13	广告	158	0.4826
14	市场	157	0.4795
15	团队	146	0.4459
16	营销	140	0.4276
17	执行	136	0.4154
18	推广	133	0.4062
19	方案	131	0.4001
20	沟通	124	0.3787
21	服务	120	0.3665
22	负责	115	0.3512
23	本科	113	0.3451
24	良好	103	0.3146
25	行业	101	0.3085
26	具有	101	0.3085
27	资源	94	0.2871
28	职业	90	0.2749

续表

排名	词语	词频	频率
29	专业	90	0.2749
30	背景	89	0.2718
31	职责	86	0.2627
32	学历	84	0.2566
33	岗位	83	0.2535
34	行业	83	0.2535
35	策略	83	0.2535
36	性质	83	0.2535
37	优先	82	0.2504
38	会展	80	0.2443
39	北京市	78	0.2382
40	创意	74	0.226
41	完成	72	0.2199
42	网络	72	0.2199
43	关系	70	0.2138
44	朝阳区	69	0.2107
45	品牌	69	0.2107
46	面议	68	0.2077
47	新闻	64	0.1955
48	学历	64	0.1955
49	合作	62	0.1894
50	媒介	62	0.1894
51	汽车	62	0.1894
52	互联网	61	0.1863
53	组织	61	0.1863
54	独立	59	0.1802
55	熟悉	59	0.1802
56	需求	59	0.1802
57	整合	58	0.1771
58	协调	57	0.1741
59	业务	54	0.1649
60	维护	53	0.1619

排名	词语	词频	频率
61	经理	51	0.1558
62	分析	50	0.1527
63	稿件	50	0.1527
64	中国	50	0.1527
65	企业	47	0.1435
66	普通	46	0.1405
67	文案	46	0.1405
68	文字	42	0.1283
69	发展	40	0.1222
70	协助	40	0.1222
71	计划	39	0.1191
72	有效	39	0.1191
73	精神	38	0.1161
74	大型	37	0.113
75	提案	37	0.113
76	积极	36	0.11
77	制定	36	0.11
78	产品	34	0.1038
79	员工	34	0.1038
80	包括	33	0.1008
81	紧急	33	0.1008
82	领域	33	0.1008
83	文化	33	0.1008
84	熟练	32	0.0977
85	机构	31	0.0947
86	目标	31	0.0947
87	确保	31	0.0947
88	互动	30	0.0916
89	流程	30	0.0916
90	商业	30	0.0916
91	报告	29	0.0886
92	表达	29	0.0886

续表

排名	词语	词频	频率
93	丰富	29	0.0886
94	日常	29	0.0886
95	信息	29	0.0886
96	优秀	29	0.0886
97	大专	28	0.0855
98	建立	28	0.0855
99	知识	28	0.0855
100	主动	27	0.0825

　　总体词语为 2907 个，包括英文在内。我们选取词频排名前 100 名关键词。人工排除"需要""以下""招聘""具备""时间"等无研究价值关键词语，其空缺由排名 100 位以后的词语补位。

　　关键词词频统计排名前 30 位结果显示，排名前 4 的关键词有"公关""客户""媒体""能力"等。通过这一关键词词频，我们可以看出公关行业用人单位需求主要以"客户"为主要导向，最终目的是为公关客户服务，做出能够为客户产品和服务提供价值的公关产品。在如今这个处处皆公关的时代，只有具备一定的创意，才能够吸引消费者

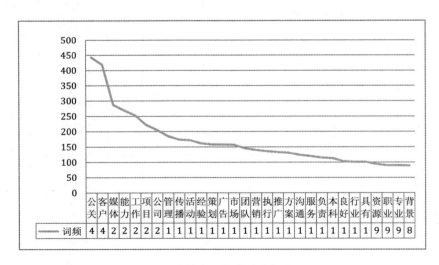

图 1　关键词词频统计分析结果

的注意力，所以公关行业对从业者的媒体联通能力要求非常高，这是其行业特色所致。公关业工作岗位需求以策划、营销为主，同时"执行""沟通""良好"等关键词表现目前公关行业对从业者职业态度的要求。作为一名公关从业人员，每天都需要和不同的人员进行交流和沟通。如何有效地向客户阐述你的意见，如何同媒体建立良好的关系，如何将客户的一系列要求清楚准确地传达给其他人员，这些都要求公关人员具备高超的沟通能力，沟通能力无疑是成为一名优秀公关人员的基本素质。"媒体""项目""传播""策划"体现公关业的工作特色，以客户为主导，需要进行多方沟通协调，为客户提供具有一定创意的公关产品和服务。

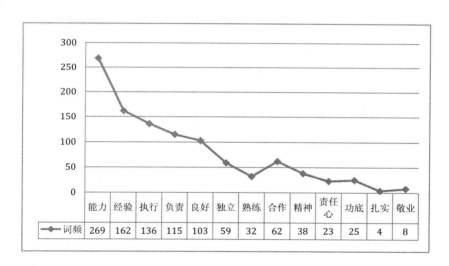

图 2　职业素养词频统计结果

从图 2 我们可以看出，关键词中"能力""经验"等分别排名第一、二位，表明公关业对从业者的工作能力和经验有比较高的要求，相反，并没有出现"知识"这类关键词。公关业根本目的在于为客户服务，高校公共关系教育者应该注重培养学生的实践工作能力，加强实习和经验积累。同时，"执行""负责""独立""合作"等关键词排名靠前，表明公关业重视从业者的执行能力、工作态度与团队合作精神。作为公关公司的工作人员，需要和公关客户以及其他合作客户进行高效沟通，这就需要从业人员具备较强的交流能力和团队合作意识。另一方面，"功底""扎实""敬业"等关键词表明公关业突出对职业素养的要求，公关公司员工均要具备卓越的职业素养。

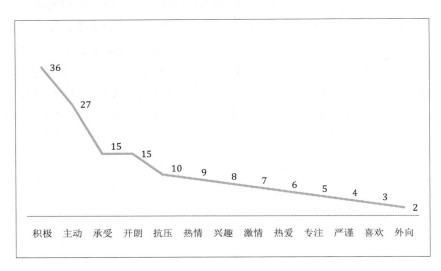

图3　职业态度词频统计结果

图3职业态度关键词词频统计中，"积极""主动""热情""兴趣"分列第一、二、六、七位，体现了公关业招聘突出对从业者工作职业情感的要求。公关业工作性质决定了他们每天的工作都需要与公关主、媒体等领域的专业人员和内容打交道，为了满足客户的要求，从业人员要对公关行业有发自内心的兴趣，热爱公关事业，积极从事公关工作。另一方面，"承受""抗压"等强调从业者要具备吃苦承压的坚强性格。公关公司为了满足公关主的需求，经常要多次修改公关方案，进行多次制作，这就需要从业者具备一定的抗压能力。同时，"开朗""外向"体现出公关业用人单位对公关从业者性格方面的要求。公关公司一般采取团队合作的工作模式，一个团队负责一个或多个客户。有时候某地公司的员工需要和北京、广州、亚太区的分公司同事共同负责一个客户，因此优秀的沟通能力和团队合作精神是非常必要的。

表 2　学历要求词频统计结果

排名	词语	词频	频率
1	本科	113	0.3451
2	专科	30	0.0916
3	硕士	1	0.0031

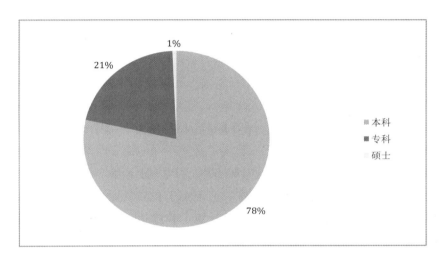

图 4　学历要求占比统计结果

　　学历类词汇统计分析结果显示，78%的公关公司招聘人才要求本科学历，21%的公关公司要求硕士学历。本专学历共同占比为99%，也就是说，公关业用人单位一般要求从业者具备本科学历即可。通过梳理具体招聘信息，我们发现要求硕士学历的为万博宣伟、蓝色光标、奥美公关等国际知名公关公司，而一般小的公关公司基本上没有硕士学历的硬性要求。知名公关公司对公关从业者的学历门槛要求高且严格，而一般的小公关公司对学历要求相对低且宽松，更加重视从业者的业务能力。公关业求职者想要进入国际知名公关公司，一般需要具备硕士学历或出身较好的本科学历。专科学历主要集中在部分少量专业技术较强的岗位，如平面设计、插画设计等。至于博士学历在招聘信息中没有显示，没有一家有硬性要求。所以，公关业从业人员只要具备本科或硕士学历即可满足公关公司的工作岗位需求。

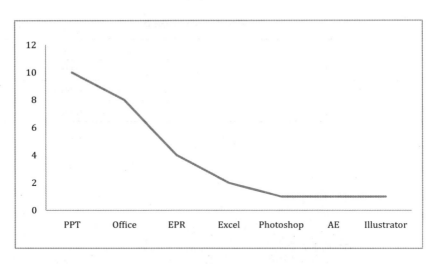

图 5　热门软件技能词频统计结果

　　图 5 热门软件技能词频统计结果中，PPT 排名第一，说明公关行业对于 PPT 制作能力要求比较高。这是由于公共从业者服务于公关客户，大多产品和创意要通过 PPT 进行演示和陈述。图片处理技术软件 Photoshop 位列第五，同为图片处理软件的 Illustrator 排名第七位，都成为热门软件技能。公关公司对于创意人才需求的一个重要技能就是图片处理技术。很多公关公司的业务都涉及图片和海报制作等，这就需要相应岗位的工作人员具备一定的图片处理能力。我们还可以看出，公关公司对从业者的办公软件技术能力要求非常普遍，并且还比较高。总体来看，公关公司对从业者均有一定的软件技术能力要求，主要以办公软件为主，同时部分用人单位要求从业者具备一定的视频处理技能。技术是第一生产力，其渗透力是全方位的，任何传播的进行都不能置身于技术化的浪潮之外。

　　图 6 招聘岗位词频统计数据显示，公关业招聘岗位需求主要是"策划""广告""营销""推广"等公关业核心职位，主要负责公关策划、文案制作、营销推广等公关工作。在数字化大背景下，公关公司悉数成立所谓数字营销团队，左手 Digital 右手 Social，高举数字化营销大旗。"会展"关键词排名靠前，表明在公关业从业者的一个重要工作就是进行实施会展等线下活动，帮助企业主进行产品和服务公关服务。这

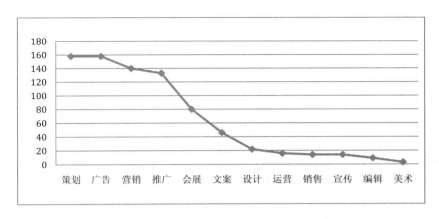

图6　招聘岗位词频统计结果

表明，在公关公司里，人才主要集中在策划、文案等内容制作人员和运营、营销等推广运营人员。传统的单一能力不太能胜任公关业人才需求，既熟练掌握文字或文案策划能力，又掌握营销和推广能力的人才，必将备受公关业的青睐。

图7公关业招聘单位所在城市占比统计数据显示，发布公关人才招聘信息的公关公司主要分布在北京、上海、广州、深圳等一线发达城市，南京、天津、成都、武汉、杭州、西安等非一线城市，公关人才需求相对一线城市小很多，表明一线城市与二、三、四线城市公关业人才需求具有极大的地域差异，一线城市公关机构比较集中，公关意识比较强、人才需求比较大，公关公司比较集中，尤其是国际知名公关公司总部全部集中在东南沿海一带城市。我国公共关系行业增长迅速，大城市仍是市场重心，地域发展不平衡。① 北京、上海和广州都是中国公关市场重心。据中国国际公共关系协会（CIPRA）估计，以上三个市场占据市场份额达60%以上，其中北京市场占主导地位，中国公关行业排名前十位的国际公关公司在华业务总部绝大多数设在北京，而且90%以上的公司在上海、广州设立了分公司或办事处。东南沿海地域人才需求比较旺盛，西北、西南、东北和中部地域公关人才需求相对比较小。其中，北京以64%的比例占据全国公关人才招聘数量的一半，众多招聘

---

① 何春晖：《中国公共关系的回顾与瞻望》，《中国传媒报告》2002年第2期。

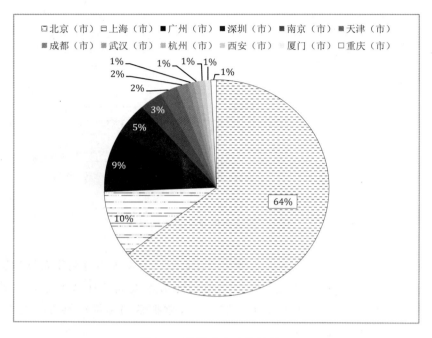

图7　工作城市占比统计结果

信息"工作地点仅限北京"，对于工作城市有严格要求，主要源于北京地区较为集中的大型公关机构和国际知名公关公司。另外表现突出的是"上海"，占比10%，发达的经济和较宽的国际视野，使得上海的公关创意人才和公司比较多，人才需求比较大。其他省市如"广州""深圳"词频率各为9%或5%，表明沿海地区较为超前的公关传播意识和发达的经济。总体而言，公关业对于公关人才的需求与地区经济、政治和文化水平正相关。

图8核心产品形态词频统计结果显示，"活动"一家独大，与核心产品形态相差悬殊，其次是关键词"会展"，体现出公关业对活动策划执行与会展操作能力要求比较高，并且会展等活动依然是公关业主要的传播形式。另外，"文字"词频居于第三位，表明公关行业对文字能力要求比较高，文字是公关业从业人员的重要能力。"视频"和"动画"分列第五、六位，表明视频成为主要的公关内容传播形式。我们可以看出，当前公关业对于公关从业人才的核心能力要求集中在文图和活动方

面，这是最基本的能力要求。

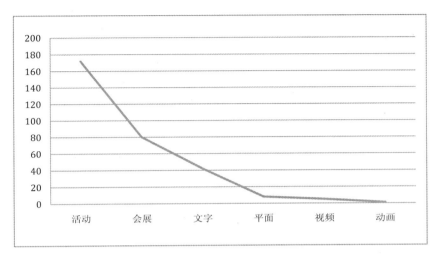

图 8　核心产品形态词频统计结果

语言能力词频统计结果显示，部分公关公司对从业人员有一定的外语语言能力要求。其中，关键词"汉语""英语"占比最大，"英语水平优秀""英语一定要好""英语翻译能力过硬""有英文编译能力者优先""英语特长生优先"等，说明对外语语言能力的要求以英语语

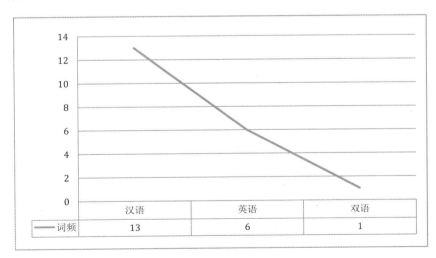

	汉语	英语	双语
——词频	13	6	1

图 9　语言能力要求词频统计结果

种为主，这也告诉公关专业院系要加强公关专业学生的语言能力的培养，尤其是英语语言能力要求。关键词"双语"进一步印证公关业对语言能力的要求。随着我国经济不断增长，综合实力不断增强，"一带一路"倡议的实施，公关业还会需要一定的对外公关、国际公关和全球公关人才，势必倒逼公关公司对从业者外语能力要求。另外，很多公关公司的客户为世界 500 强公司，这就需要一定的双语人才。

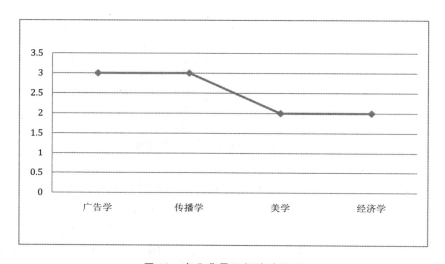

图 10   专业背景词频统计结果

学科专业词频统计结果显示，专业关键词"广告学"排名第一位，表明公关业对从业者广告能力要求比较高，不同于记者工作，需要很多其他学科的人从事记者工作，公关业主要要求本专业人才从业。"传播学"位列第二位，说明公关公司对具有深厚传播理论素养的营销人才的需求非常大，或者说是对人才的营销传播能力要求比较高。公关业的核心在于传播和说服，这就需要深刻掌握传播知识和技能的传播人才，所以"传播学"要求比较多。再者是"美学"，公关业属于创意产业，需要专业的视觉审美能力，注意力经济时代，人们的注意力资源非常稀缺，这就需要公关人员能够制作出具备非常好的美感的，能够快速牢固制作出抓取消费者注意力的公关服务。公关公司大多服务于企业，需要懂经济的人才，因此经济学背景的求职者受到欢迎。一些公关公司拥有跨国公司客户，因此从业人员还需要有丰富的阅历，熟悉中外文化，有国际化的眼光和思维，这样才能更好地理解国外客户的要求和意图。

四　结语

随着我国经济继续保持稳定快速发展，我国公共关系新生力量不断涌现，公关业保持了较快的增长速度。据调查估算，2017 年整个公关市场的年营业规模达到 500 亿元人民币。随着我国"一带一路"倡议的实施，我国企业开始进行国际化布局，为公共关系业创造了新的机遇，也对公关公司的专业化、规范化和国际化提出了更高要求。目前，我国公关行业迎来了一些新的发展特点，公关业与广告业的边界开始模糊、大数据时代来临、业务模式再造、新媒体应用创新等，这都需要行业精英不断地进行创新。另外，公共关系正在渗透到全行业，包括一些非常专业的领域，这要求从业者具有非常专业的背景知识。这一切都对公关人才提出了新的要求。因此，不管是公共关系教育工作者，还是公共关系专业的广大学子，都要更新观念，适时调整，抓住公关业转型发展的契机。

第十一章　互联网业人才能力需求报告

一　引言

21 世纪以来，以互联网信息技术、数字技术为主的互联网（新媒体）传播迅猛发展，为文化和新闻传播带来了新的机遇和挑战。中国互联网络信息中心（CNNIC）发布的第 39 次《中国互联网络发展状况统计报告》显示，截至 2016 年 12 月，我国网民规模达 7.31 亿人，环比上半年 7.1 亿人增长了 2.96%，同比 2015 年底 6.88 亿人增长了 6.25%，其中，手机网民规模达 7.25 亿人。① 随着我国经济结构的不断转型，互联网行业蓬勃发展，互联网正在逐渐融入我国社会经济和人民生活的各个领域，成为影响我国未来发展的重要推力。目前，我国互联网已经相当普及，资源集聚度高，市场化程度高，平台广阔。"互联网＋"成为媒体深度融合的新渠道，它所传播内容的丰富性和传播信息的数量已经超过传统媒体。国家对网络文化产业发展提供政策支持和资金保障，助推其成为国民经济支柱型产业。

以数字技术和互联网技术为依托的新媒体，是信息时代最具潜力的"朝阳行业"之一。当前，互联网业急需大批通晓媒体和网络知识、富有创造力的人才来开拓市场，在远未饱和的市场上抢滩登陆。当前，互联网业对人才的需求全面提升，不仅局限于技术开发类的相关职位，产品和运营类职位等逐渐变得重要。新媒体运营、编辑、文案、策划、网

---

① 人民网：《CNNIC 发布第 39 次〈中国互联网络发展状况统计报告〉》（http://it. people. com. cn/GB/119390/118340/406323）。

站编辑、技术后台、创意美工、运营推广、媒介经理、市场企划、高级销售经理、新媒体运营专员、新媒体编辑、软件开发、产品测试、新媒体运营经理成为互联网业热门岗位。为了了解我国互联网人才的需求现状与未来走向，本章选取 2016 年 11 月至 2017 年 5 月我国互联网企业招聘信息为研究样本展开分析。

二　研究方法与内容

（一）研究问题

网络时代，互联网企业对人才有什么需求，要求从业者具备何种学历，掌握什么技能、什么样的职业素养、什么性格或是品质、有什么语言能力要求等诸多疑问摆在求职者面前的一个重要问题。大学新闻传播院校要如何设置课程体系、如何开展教学工作、如何培养面向创新的专业互联网人才，是高等院校新闻传播教学工作面临的突出问题。本章通过对互联网行业招聘信息的词频统计分析，用数据揭示互联网业的人才选用标准和要求，借以指导媒介融合背景下互联网从业者和高等院校新闻传播学教育工作。

（二）研究样本

本文选取 2016 年 11 月至 2017 年 5 月的 170 家互联网企业的招聘信息为研究样本，总字词符号数量达到 7 万有余。选择标准如下：（1）选择的新媒体全面、具体，具备研究价值；（2）选择的互联网企业具有一定代表性，均为行业领域内的优秀单位；（3）选择的互联网企业具有一定受众规模和传播力、影响力；（4）选择原生互联网企业，也包括传统媒体的互联网项目等；（5）选择的互联网企业地域分布广泛；（6）选择的互联网岗位分布均衡，既包括内容岗位，也包括技术、运营等岗位。遵循这 6 条标准，从中选取 170 家互联网企业招聘信息。

样本来源主要是互联网企业官方网站发布的招聘信息、专业招聘网站发布的互联网企业人才招聘信息，以及微博"媒体招聘信息"发布的新媒体人才招聘信息，微信公众号"媒体招聘信息""新闻实习生""刺猬公社"等发布的互联网企业人才招聘信息。招聘信息文本来源广泛，具有一定的覆盖面和代表性。

（三）研究方法

1. 词频统计

词是文献中承载学术概念的最小单位，词频统计是一种情报学的定量分析法。词频——反转文件频率，是一种基于情报检索和文本挖掘的常用加权技术，用来评估一个词对于一个文件或者一个语料库中的一个领域文件集的重要程度。传统文献分析法带有一定的个人偏好和主观经验，不一定可以窥探文献背后所隐藏的深层次意义。词频统计是指统计出某个文本中各个字词出现的次数与频率，作为一种科学的定量研究方法，词频统计分析可以透过现象看本质，具有一定的准确性、客观性、系统性、标准性，因而被广泛应用于人文社科领域多个学科的研究中，并且取得了非常丰硕严谨的研究成果。本章使用 Python 编程语言，选择"做最好的中文分词组件"的"Jie ba"（结巴分词）中文分词库，利用计算机软件分词技术将汇集的招聘信息拆散成词组和单个字符，并对拆散的词组依照出现频率进行统计，将统计数值按照从大到小的顺序进行依次排列，词频统计通过对收集的170 家互联网企业招聘信息，进行分词和 TF—IDF 词频统计，一共有词数 4070 个，包括半角符号和数字在内，词频统计排名前 100 位的词语如表 1。

2. 指标设计

基于 TF—IDF 词频统计结果仅为散乱词频数据，缺乏具体评价维度。本文人工设置如下维度：（1）排名前 18 位关键词词频排名；（2）互联网从业者职业素养类词频排名，如能力、经验、负责等；（3）职业态度词语词频排名，如喜欢、热爱、积极、主动、激情等；（4）热门软件技能词频统计排名，主要为 Photoshop、IOS、Edius、Office 等从业者所学技术类软件；（5）学历要求关键词词频统计排名，主要为专科、本科、硕士、博士，以研究分析用人单位对于从业者的学历要求；（6）招聘岗位类排名，主要有策划、运营、编辑、摄像等，以研究分析互联网企业的不同岗位需求；（7）核心产品形态关键词词频统计排名，包括视频、图片、动画等，用以研究分析用人单位对不同媒介呈现形态产制能力的需求；（8）语言能力关键词词频统计排名，包括汉语、英语、法语、日语等，用以研究分析用人单位对从业者外语语言要求；（9）招聘单位地区关键词词频排名，如北京、上海、广州等，用以研究分析互联网岗位就业区域分布；（10）专业背景统计排名，包含新媒体学、传播学、美学等，用以研究分析用人单位对从业者学科背景的要求。通过以上几个维度的关键词词频统计，总体分析研究媒体对从业者的各项基本需求状况。

三　招聘信息文本词频统计分析与发现

表1　TF—IDF 词频统计分析结果（前 100 位）

排名	词语	词频	频率
1	媒体	831	1.5986
2	运营	667	1.2831
3	能力	471	0.9061
4	微信	458	0.8811
5	工作	445	0.856
6	策划	399	0.7676
7	推广	369	0.7098
8	负责	356	0.6848
9	活动	288	0.554
10	内容	287	0.5521
11	经验	286	0.5502
12	公司	281	0.5406
13	营销	254	0.4886
14	执行	216	0.4155
15	平台	207	0.3982
16	优先	206	0.3963
17	撰写	197	0.379
18	分析	195	0.3751
19	网络	183	0.352
20	粉丝	182	0.3501

续表

排名	词语	词频	频率
21	文案	179	0.3443
22	品牌	177	0.3405
23	要求	177	0.3405
24	熟悉	165	0.3174
25	用户	163	0.3136
26	互联网	161	0.3097
27	良好	161	0.3097
28	职责	161	0.3097
29	岗位	155	0.2982
30	团队	155	0.2982
31	传播	148	0.2847
32	管理	146	0.2809
33	编辑	145	0.2789
34	公众	144	0.277
35	沟通	130	0.2501
36	产品	128	0.2462
37	文字	126	0.2424
38	创意	125	0.2405
39	合作	124	0.2385
40	维护	123	0.2366
41	有限公司	122	0.2347
42	新闻	115	0.2212
43	方案	114	0.2193
44	任职	113	0.2174
45	具备	113	0.2174
46	项目	113	0.2174
47	客户	110	0.2116
48	数据	110	0.2116
49	热点	108	0.2078
50	专业	108	0.2078
51	行业	101	0.1943
52	学历	101	0.1943

续表

排名	词语	词频	频率
53	广告	99	0.1904
54	需求	99	0.1904
55	资源	94	0.1808
56	活跃	93	0.1789
57	策略	90	0.1731
58	互动	89	0.1712
59	独立	87	0.1674
60	渠道	85	0.1635
61	线上	84	0.1616
62	信息	82	0.1577
63	功底	81	0.1558
64	效果	77	0.1481
65	能够	75	0.1443
66	市场	75	0.1443
67	关注	74	0.1424
68	宣传	73	0.1404
69	媒介	72	0.1385
70	思维	71	0.1366
71	提高	68	0.1308
72	制定	68	0.1308
73	使用	67	0.1289
74	本科	64	0.1231
75	收集	64	0.1231
76	精神	63	0.1212
77	善于	61	0.1173
78	网站	61	0.1173
79	社交	60	0.1154
80	反馈	58	0.1116
81	及时	58	0.1116
82	组织	55	0.1058
83	发展	54	0.1039
84	优秀	54	0.1039

续表

排名	词语	词频	频率
85	工作	53	0.102
86	软件	52	0.1
87	熟练	52	0.1
88	表达	51	0.0981
89	发布	51	0.0981
90	专题	51	0.0981
91	热爱	50	0.0962
92	掌握	50	0.0962
93	服务	49	0.0943
94	协调	49	0.0943
95	科技	48	0.0923
96	提升	48	0.0923
97	关系	45	0.0866
98	社会化	45	0.0866
99	专员	45	0.0866
100	丰富	43	0.0827

总体词语为4070个，包括英文在内。我们选取词频排名前100名关键词。

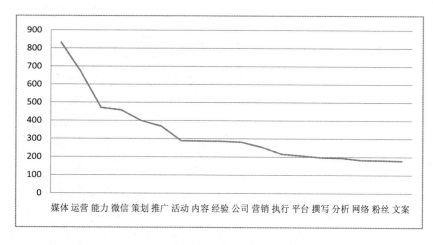

图1　关键词词频统计分析结果

图1关键词词频统计排名前18位结果显示，关键词有"媒体""运营""能力""微信"。通过这一关键词词频，我们可以看出互联网企业要求从业者具有一定的能力和传媒专业素养，主要工作则是进行以微信公众号为核心业务的新媒体运营。其次，"策划""推广""活动""公司""营销"等与互联网工作密切相关的关键词，说明互联网企业主要工作是策划、推广和编辑相关企业的服务或产品，这就勾勒出其大致职业轮廓。同时"平台""网络""分析"等关键词表现目前互联网企业从业者的主要工作是在不同媒体平台进行内容发布，有效吸引目标产品或服务的粉丝，进一步利用粉丝经济。相比传统媒体，互联网企业媒体属性有所下降，主要的核心目标是进行产品和服务的推广与运营。

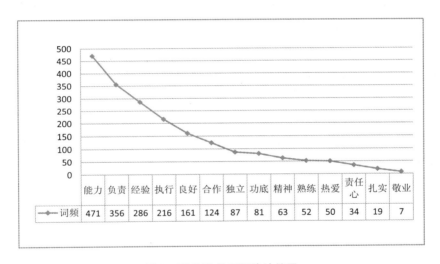

	能力	负责	经验	执行	良好	合作	独立	功底	精神	熟练	热爱	责任心	扎实	敬业
词频	471	356	286	216	161	124	87	81	63	52	50	34	19	7

图2 职业素养词频统计结果

从图2我们可以看出，关键词中"能力""经验"等分别排名第一、三位，表明互联网企业对从业者的工作能力和经验有比较高的要求，相反并没有出现"知识"这类关键词。可见，互联网企业属于文化创意产业，经验和能力在工作中占据核心地位，传媒专业教育应该注重培养学生的实践工作能力，加强实习和经验积累。同时，"负责""执行""良好""合作"等关键词排名靠前，表明互联网企业重视从业者的执行能力和团队精神。作为互联网企业的工作人员，需要和服务对象以及其他社会人群进行交流沟通，这就需要从业人员具备一定的交流能力。另一方面，"功底""责任心""扎实""敬业"等关键词表明互联网企业突出对职业素养的要求，互联网企业员工要具备符合互联网文化的职业素养。新媒体运营岗位的职业生涯发展路线为专员、主管到总监。专员一般要求是1—3年的工作经验，主管则是要求3—5年的工作经验，总监则是要求有5年以上的工作经验。通过互联网企业对应届毕业生的需求可以判断出，整个市场在基础人才储备方面并不是很充足，更多的互联网企业从业者是转岗或者传统媒体人转型。一线城市对人才有非常大的聚拢效应，很多人才都往一线城市流动。

图3职业态度关键词词频统计中，"热爱""积极""主动""兴趣"分列第一、二、三、四位，体现互联网企业招聘突出对从业者工作的职业态度的要求。态度决定成败，互联网企业工作不同于专业媒体工作，经常为了蹭热点进行营销推广，生活不规律，经常还要加班，这就需要从业人员对互联网有一定的兴趣，热爱互联网创意事业。另一方面，"承受""抗压"等强调从业者要具备吃苦承压的坚强性格品质。不同于专业传媒机构分工的细化，互联网企业为了追求热点事件，经常需要赶时间加班，这就需要从业者具备一定的抗压能力。同时，"开朗""外向"体现出互联网企业对从业者乐观性格方面的要求。

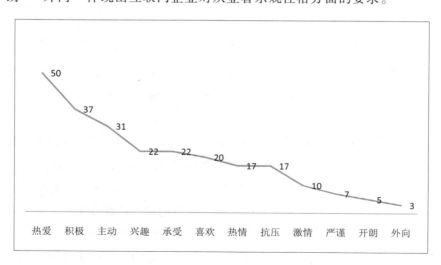

图3　职业态度词频统计结果

表 2　学历要求词频统计结果

排名	词语	词频	频率
1	本科	64	0.1231
2	专科	40	0.0769
3	硕士	2	0.0038

　　图 4 学历类词汇统计分析结果显示，60% 的互联网企业招聘人才要求本科学历，38% 的互联网企业要求硕士学历。本硕学历共同占比为98%，也就是互联网企业用人单位一般要求具备本科学历即可。通过梳理具体招聘信息，我们发现要求硕士学历的为中央互联网媒体、省级互联网媒体和北京的一些知名互联网媒体，而一般小的互联网媒体基本上没有硕士学历的硬性要求。发达城市互联网媒体从业者的学历门槛要求高且严格，而一般落后地区的互联网媒体对学历要求相对低且宽松，更加重视从业者的业务能力。传媒就业者想要进入互联网媒体，一般需要具备本科学历或出身较好的专科学历。相比于传统纸质媒体，互联网媒体对学历的要求比较低，近四成为专科学历，学历要求专科以上的主要集中在部分专业技术较强的岗位，比如剪辑或是后期技术人员。至于博士在招聘信息中非常少，没有硬性要求。所以，互联网从业人员只要具

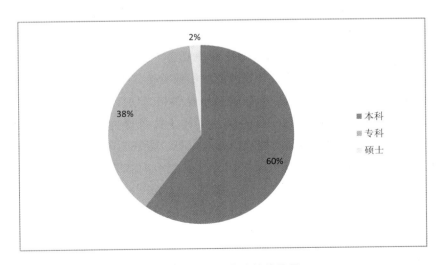

图 4　学历要求占比统计结果

备本科或硕士学历即可满足其岗位需求。

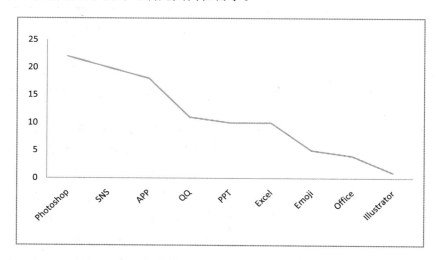

图 5　热门软件技能词频统计结果

　　图 5 热门软件技能词频统计结果中，图片处理技术软件 Photoshop 位列第一，同为图片处理软件的 Illustrator 排名第九位。互联网企业对于人才需求的一个重要技能就是图片处理技术。熟练使用 PS 成为很多互联网企业运营者的必备技能。对于求职者来说，它在求职过程中绝对是加分项。超过 50% 的公司在招聘新媒体相关岗位的时候，加分项里面都会有熟练使用 PS。很多互联网业务都涉及平面设计，这就需要相应岗位的工作人员具备一定的图片处理能力。此外，SNS、QQ 等社交软件关键词排名靠前，表明互联网的核心业务主要集中在社交媒体。社交媒体时代，人们获取信息的主要渠道是微信、QQ 等社交媒体，这反映了互联网从业者的大致工作范畴。不同于传统媒体严肃的硬新闻采编，互联网内容主要为软新闻或一些软资讯。很多互联网企业对从业者有一定的办公软件技术能力要求，这也是当今时代媒体工作的必备技能。在处理项目管理、内容运营、数据分析等工作时，Excel 成为必备工具。甚至在作数据图、信息图时，"Excel + PS"的组合能够提高素材处理速度，提升内容创作效率。从总体分析看来，互联网招聘信息表明用人单位对于从业者均有一定的软件技术能力要求，主要以图片处理软件为主，同时部分用人单位要求从业者具备一定的视频处理软件技能。

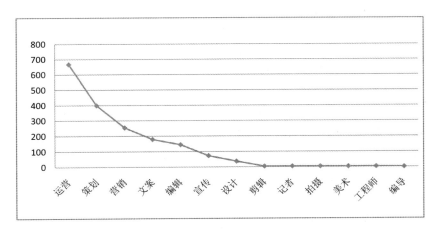

图6　招聘岗位词频统计结果

　　图6岗位词频统计数据显示，互联网招聘岗位主要是"运营""策划""营销""文案""宣传"等核心职位工作，"记者""编辑"等内容创作人才相应较少，这也体现出互联网业对人才的需求，重心不在记者和主持人上，而是主要集中在对运营人才的需求上。从主流招聘网站和移动端投放的职位来看，互联网公司将招聘重点放在"新媒体运营"和"营销策划推广"这两个岗位上，80%左右的互联网公司都提出对这两个岗位的需求。新媒体运营就是指利用微信、微博等自媒体平台进行品牌推广，产品营销以及线下活动。新媒体运营的岗位职责有自媒体平台的日常运营及推广、为粉丝策划与提供优质和传播性高的内容、微信营销线日常活动及跟踪维护、增加粉丝数和粉丝的活跃度并及时与粉丝互动、挖掘和分析网友使用习惯和情感及体验感受等。新媒体运营还包括数据、心理博弈、热点借势、大号资源利用、媒介合作、话题引爆、熟悉数据分析、信息搜集等能力。"策划""营销""文案""运营"等岗位关键词排名靠前，表明在互联网从业者的主要工作就是通过自己的策划和文案能力，帮助服务对象进行产品和服务的营销和运营。这表明，在互联网行业，人才主要集中在记者、编辑等内容制作人员和运营、营销等推广运营人员。"剪辑""记者""摄像""编导"等关键词表明说明互联网企业对核心内容创作人才的需求依然比较大。此外，视觉设计师、交互设计师、社交电商人才等也是当前媒体急需的专

业人才。产品经理是企业中专门负责产品管理的职位，成为社会各行各业纷纷渴求的移动互联网热门人才。新媒体运营是通过现代化互联网手段，利用微信、微博、贴吧等新兴媒体平台进行产品宣传、产品推广、产品营销的一系列运营手段。互联网产品经理分为互联网用户产品经理和互联网商业产品经理。用户产品经理最关心的是互联网用户产品的用户体验，商业产品经理最关心的是互联网商业产品的流量变现能力。后台研发工程师是规划、设计、实现面向机器人的自然语言处理云平台，要求具有扎实的计算机软件基础，对高性能、分布式架构有一定的理解。

图7互联网招聘单位所在地区占比统计数据显示，发布互联网人才招聘信息的新媒体主要分布在北京、上海、深圳、广州等互联网业发达的一线城市，武汉、成都、杭州、湖南、河南、西安等非一线城市，互联网人才需求相对一线小很多，表明一线互联网与二、三、四线互联网人才需求具有极大的地域差异。一线互联网企业实力强大，周边相关产业比较完善发达，对互联网人才需求比较大。东南沿海地域人才需求比较旺盛，西北、西南、东北和中部地域互联网人才需求相对比较小。其中，北京、上海、深圳和广州以77%的比例占据全国互联网人才招聘的大半壁江山。另外，武汉、成都和杭州新媒体发展程度高，主要源于这几个省市经济实力比较强，人才需求比较大。其他省市如"四川""重庆"词频率各为1%或小于1%，表明这些地方互联网业相对落后。据不完全统计，超过50%的中国互联网公司分布在北京，且数量大于深圳、上海、杭州和广州四个城市的总和。北京、深圳、上海、杭州和广州五个城市占据了整个市场90%的新媒体行业的相关岗位需求。

麦克卢汉曾说："新媒体把旧媒体作为自己的内容"。媒介内容形式词频统计结果显示，"文字"以126的高词频率一家独大，与其他媒介形式相差悬殊，也体现出新媒体对从业者的文案能力要求比较高，文字依然是新媒体从业者的核心能力。另外，"图片"词频居于第二位，表明互联网企业对图像处理能力要求比较高，规模比较大。随着互联网业的发展，出现了很多新形式的新媒体创意方案，但是视频依然占据新媒体的重要地位。位列第四的为"直播"，说明当前互

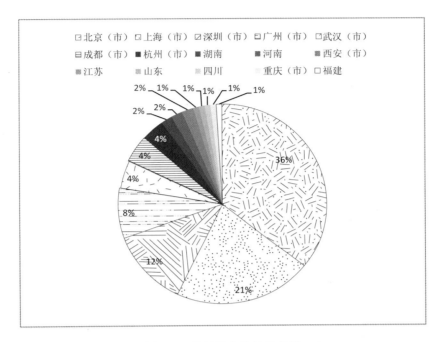

图 7　工作地区占比统计结果

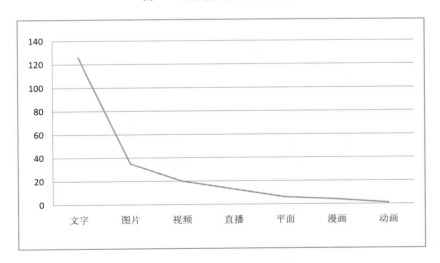

图 8　核心产品形态词频统计结果

联网企业对于直播形式采用率比较高，直播人才需求量也随之增加。
"漫画"和"动画"分列第六、七位，表明其是重要的互联网业内容形态。从图8可以看出，当前互联网企业对从业人才的核心产制能力要求主要集中在文字和视频方面，这是最基本的能力要求。"动画""漫画""直播"位于核心产品形态词频的第二梯队，以其形象化、动态化、互动性等特点比较受互联网媒体欢迎，这方面人才也是互联网媒体需求比较多的。

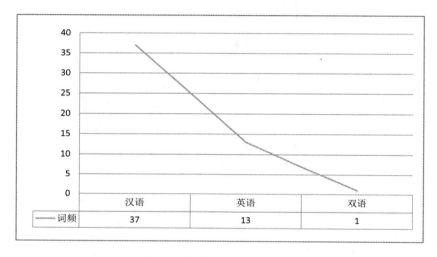

图9　语言能力词频统计结果

图9语言能力词频统计结果显示，部分互联网媒体对从业人员有一定的外语语言能力要求。其中，关键词"英语""英文"占比最大，"英语水平优秀""英语一定要好""英语翻译能力过硬""有英文编译能力者优先""英语特长生优先"等，说明对外语语言能力的要求以英语语种为主。关键词"双语"进一步印证新媒体对语言能力的要求，甚至有新媒体的招聘信息中出现"英文好，英文好，英文好，重要的事情说三遍"等强调对英文能力的要求。

近年来，业界和学界都提出互联网从业者要具备跨学科知识，比如本科专业学习新闻学，研究生阶段可以学习其他专业。学科专业词频统计结果表明，互联网用人单位招聘信息中明确要求招聘具有其他学科背景的传媒人才。从图10中我们可以看出，专业关键词"经济学""广告学"和"传播学"排名第一、二、三位，表明媒体对广告与经济人才具有比较大的需求。随着我国经济快速发展和市场经济的完善，财经类媒体人才需求不断增加。由于财经金融类新闻所具有的专业性，要求该行业工作者在具备基本专业知识与能力的基础上，必须具备一定的经济学或金融学专业背景。另外，互联网的双重性质，不仅仅传播信息提供新闻，而且还要盈利，这就导致互联网对广告人才需求比较多，紧跟其后的是社会学、医学、农学、心理学、哲学、金融学，体现出互联网企业因其内容定位不同，对具备一定人文社会学科专业背景的人才有大量需求，或是要求应聘者具备该学科的专业知识。因而，我国新闻传播类高等院校应该加强通识教育，培养复合型新闻传播专业人才，有效提升专业素养、丰富知识结构、培养创新能力，为互联网企业输出高质量的传媒人才。

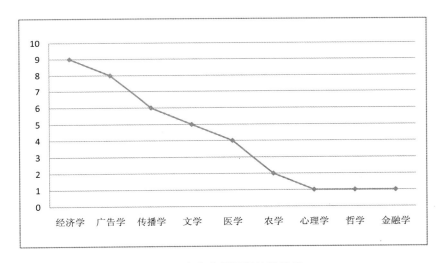

图 10　专业背景词频统计结果

四　结语

互联网和社交媒体的急速发展，正在重塑当前的媒体生态。年青一代对互联网的依赖推动和造就了互联网和移动互联网巨大的发展空间。因此，互联网行业的发展是非常有前景的。当前，随着大量资本进入互联网行业，有很多不同规模和实力的企业和个人进入该行业，新公司不断涌现，意味着市场对于互联网人才的需求会更加旺盛，人才紧缺问题也由之而生。企业对互联网的重视程度越来越高，整个市场对新媒体的岗位需求量不断上升。应聘互联网领域相关岗位的求职者数量呈增长趋势。互联网产业链正蕴藏着大量的就业机会和新的岗位。然而，互联网发展已经进入"下半场"，行业从业难度会越来越高。本章通过词频分析互联网业对从业人员在学历、职业技能、语言能力、职业素养、性格品德等方面的要求，以期为高等院校网络新媒体专业教学和求职者个人提供一些参考与借鉴。

第十二章　社会非媒机构人才能力
需求总报告

一　引言

由于新媒体技术的发展，新闻传播业正经历从新闻传播到公共传播的转型，社会公共传播人才需求不断增大。公共传播大背景下，新闻传播学教育范式面临变革与挑战，人才培养如何适应变革发展中的公共传播工作需求，是摆在高校教育者面前的一个重大问题。当前，移动互联网和社交媒体正在重塑新闻传播，媒体与社会各行各业之间的关系面临重构。新媒体技术的发展和自媒体的遍地开花，使传统媒体面临收视率下滑、广告额锐减、人才流失、话语权丧失等存亡挑战，媒体对新闻传播专业毕业生的需求也随之锐减。由此，高校新闻传播教育面临着人才市场需求不足的新挑战。新闻传播学院是继续为传统媒体培养职业记者，还是为正在兴起的公共传播业输送人才？公共传播背景下，社会非媒机构传播需要大量新闻传播人才。非媒体机构主要包括党政机关、学校、医院、国企等企事业单位和一些社会机构、社会组织。以大学为例，教育和科研虽是其本职工作，但是高校也具有较为庞杂的传播机构。目前，从各高职院校宣传机构的设置情况来看，大多数学校都同时设置有独立的宣传统战部、网络中心、校园电视台、校园广播站、学报编辑部等宣传平台。移动互联网和社交媒体的急速发展，正在重塑当前传媒生态，同时也在重新构建传媒业与社会各行各业之间的关系。从新闻传播到公共传播，非媒机构在公共传播大背景下，对新闻传播人才需求不断增加。当前的一个普遍趋势是，新闻传播院校的毕业生，真正能够进入媒体工作的只是很小一部分，大部分人进入政府单位、事业单位、国有企业、民营企业、社会机构等非媒机构，从事各种大公共传播工作。为了了解从新闻传播到公共传播的大传播背景下人才走向与需求，本文选取 2017 年 2 月至 6 月我国社会非媒机构招聘信息为研究样本，通过词频分析探析非媒机构对公共传播人才在学历、职业技能、语言能力、职业素养、性格品德等方面的要求，试图总结其结论，以给予我国高等院校新闻传播学的人才培养和学生就业提供一些参考和启示。

二 研究方法与内容

（一）研究问题

公共传播新背景下，传媒产业面临巨大变革，专业传媒机构人才需求不断锐减，传媒学生数量却在递增，新闻传播教育面临从新闻传播到公共传播的转型。我们的非媒机构对人才有什么需求，要求从业者具备何种学历，掌握什么技能，具有什么样的职业素养，有什么性格或是品质，有什么语言能力要求等等，这些是摆在传媒从业者面前的一个又一个重要问题。大学新闻传播院校要如何设置课程体系，如何开展教学工作，如何培养面向公共传播的大传播人才，是高等院校新闻传播学教学工作面临的突出问题。本章通过对非媒机构招聘信息的词频统计分析，用数据揭示非媒机构的人才选用标准和要求，借以指导大传播背景下从业者求职和高等院校新闻传播专业教育工作。

（二）研究样本

本文选取 2017 年 2 月至 6 月的 160 家社会非媒机构的招聘信息为研究样本，总字词符号数量达到 6 万有余，包括政府部门，企事业单位、公益基金、社会组织等非媒机构。选择标准如下：（1）选择非媒机构全面、具体，具备研究价值；（2）选择非媒机构具有一定代表性，均为行业领域内优质单位；（3）选择非媒机构所办媒体具有一定受众规模、传播力和影响力；（4）选择政府机构、社会组织、金融、农业、旅游、汽车、保险、房地产、NGO 组织等行业样本均衡；（5）选择媒体地域尽可能分布广泛；（6）选择非媒机构岗位分布均衡，既包括内容岗位，也包括技术和运营等岗位。遵循这 6 条标准，从中选取 160 家社会非媒机构招聘信息，既包括中宣部、国务院、广电总局、人民法院、监察部等政府部门，也有万达、中建、西门子和京东等知名企业。

样本来源主要是非媒机构官方网站发布的招聘信息、专业招聘网站发布的非媒机构传播人才招聘信息，以及微博"媒体招聘信息"发布的非媒机构招聘信息，微信公众号"媒体招聘信息""新闻实习生""刺猬公社"等发布的非媒机构招聘信息。招聘信息文本来源广泛，具有一定的覆盖面和代表性。

（三）研究方法

1. 词频统计

词是文献中承载学术概念的最小单位，词频统计是一种情报学的定量分析法。词频——反转文件频率，是一种基于情报检索和文本挖掘的常用加权技术，用来评估一个词对于一个文件或者一个语料库中的一个领域文件集的重要程度。传统文献分析法带有一定的个人偏好和主观经验，不一定可以窥探文献背后所隐藏的深层次意义。词频统计是指统计出某个文本中各个字词出现的次数与频率，作为一种科学的定量研究方法，词频统计分析可以透过现象看本质，具有一定的准确性、客观性、系统性、标准性，因而被广泛应用于人文社科领域多个学科的研究中，并且取得了非常丰硕严谨的研究成果。本文使用 Python 编程语言，选择"做最好的中文分词组件"的"Jie ba"（结巴分词）中文分词库，利用计算机软件分词技术将汇集的招聘信息拆散成词组和单个字符，并对拆散的词组依照出现频率进行统计，将统计数值按照从大到小的顺序进行依次排列，词频统计通过对收集的 160 家社会非媒机构招聘信息，进行分词和 TF—IDF 词频统计，一共有词数 3161 个，包括半角符号和数字在内，词频统计排名前 100 位的词语见表 1。

2. 指标设计

基于 TF—IDF 词频统计结果仅为散乱词频数据，缺乏具体评价维度。本文人工设置如下维度：（1）排名前 19 位散乱关键词词频排名；（2）非媒机构行业类词频排名，主要为金融、农业、旅游、汽车、保险、房地产等行业关键词排名；（3）职业素养类词频排名，如能力、经验、负责等；（4）情态类词语词频排名，如喜欢、热爱、积极、主动、激情等；（5）外文词汇词频统计排名，主要为 Photoshop、Web、IOS、Edius、Office 等从业者所学技术类；（6）学历关键词词频统计排名，主要为专科、本科、硕士、博士，以研究分析非媒机构对于从业者的学历要求；（7）职业类排名，主要有策划、运营、编辑、摄像等，以研究分析非媒机构不同岗位的需求量；（8）媒介内容形式关键词词频统计排名，包括视频、图片、动画等，用以研究分析非媒机构对不同媒介呈现形态的需求；（9）语言关键词词频统计排名，包括中文、英文、法语、日语等，用以研究分析非媒机构对从业者外语语言要求；（10）招聘单位城市关键词词频排名，如北京、上海、广州等，用以研究分析媒体就业区域分布；（11）学科专业类词统计排名，包含中文、广告学、传播学、新闻学等，用以研究分析非媒机构对从业者学科背景要求。通过以上几个维度的关键词词频统计，总体分析研究非媒机构对从业者的各项基本能力需求状况。

三　招聘信息文本词频统计分析与发现

表 1　TF—IDF 词频统计分析结果（前 100 位）

排名	词语	词频	频率
1	能力	263	0.9624
2	策划	160	0.5855
3	媒体	152	0.5562
4	专业	147	0.5379
5	负责	145	0.5306
6	制作	143	0.5233
7	视频	138	0.505
8	经验	136	0.4977
9	新闻	110	0.4025
10	设计	105	0.3842
11	内容	99	0.3623

续表

排名	词语	词频	频率
12	软件	93	0.3403
13	编辑	92	0.3367
14	良好	83	0.3037
15	沟通	78	0.2854
16	团队	76	0.2781
17	学历	76	0.2781
18	运营	75	0.2745
19	后期	74	0.2708
20	熟悉	74	0.2708
21	产品	71	0.2598
22	管理	71	0.2598
23	文案	71	0.2598
24	文字	71	0.2598
25	熟练	66	0.2415
26	微信	66	0.2415
27	撰写	66	0.2415
28	拍摄	61	0.2232
29	创意	59	0.2159
30	剪辑	59	0.2159
31	本科	58	0.2122
32	推广	55	0.2013
33	网络	55	0.2013
34	执行	55	0.2013
35	合作	54	0.1976
36	宣传	54	0.1976
37	功底	52	0.1903
38	营销	52	0.1903
39	维护	50	0.183
40	广告	49	0.1793

续表

排名	词语	词频	频率
41	独立	44	0.161
42	节目	43	0.1574
43	网站	42	0.1537
44	信息	42	0.1537
45	语言	42	0.1537
46	职责	42	0.1537
47	分析	41	0.15
48	项目	41	0.15
49	品牌	37	0.1354
50	平面	37	0.1354
51	学习	37	0.1354
52	互联网	34	0.1244
53	协调	34	0.1244
54	用户	33	0.1208
55	组织	33	0.1208
56	热爱	32	0.1171
57	毕业生	31	0.1134
58	全日制	31	0.1134
59	应届	31	0.1134
60	健康	30	0.1098
61	思维	30	0.1098
62	资格	30	0.1098
63	创新	29	0.1061
64	编导	28	0.1025
65	电视	28	0.1025
66	掌握	28	0.1025
67	热点	27	0.0988
68	摄影	27	0.0988

续表

排名	词语	词频	频率
69	市场	27	0.0988
70	知识	27	0.0988
71	作品	27	0.0988
72	包装	26	0.0951
73	表达	26	0.0951
74	技术	26	0.0951
75	平台	26	0.0951
76	资源	26	0.0951
77	传媒	25	0.0915
78	客户	25	0.0915
79	公众	24	0.0878
80	汽车	24	0.0878
81	文学	24	0.0878
82	服务	23	0.0842
83	考虑	23	0.0842
84	理解	23	0.0842
85	责任心	23	0.0842
86	摄像	22	0.0805
87	AE	21	0.0768
88	操作	21	0.0768
89	传播	21	0.0768
90	发展	21	0.0768
91	广播	21	0.0768
92	美术	21	0.0768
93	图片	21	0.0768
94	优秀	21	0.0768
95	扎实	21	0.0768
96	参与	20	0.0732

续表

排名	词语	词频	频率
97	积极	20	0.0732
98	流程	20	0.0732
99	配合	20	0.0732
100	数据	20	0.0732

总体词语为 3161 个，包括英文在内。我们选取词频排名前 100 名关键词。

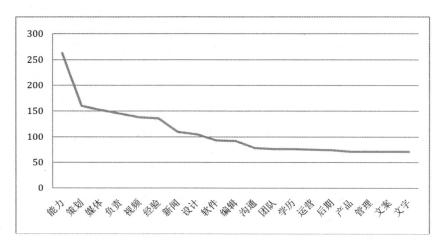

图 1　关键词词频统计分析结果

关键词词频统计排名前 19 位为结果显示，排位前 6 的关键词有"能力""策划""媒体""负责""视频""经验"。通过这一关键词词频，我们可以看出非媒机构用人单位需求主要以"能力""经验"为主要导向。公共传播工作属于实践导向型行业，招聘信息词频统计结果证明了非媒机构对从业者实践能力和工作经验非常重视。工作岗位需求主要以策划、设计为主，同时"视频""软件""产品"等关键词说明了目前非媒机构的人才招聘的技术导向，伴随而来的是对技术人才的大量需求。伴随着从新闻传播到公共传播的转变，非媒机构对新闻传播人才需求逐渐增多。我们从图1可以看出，人才需求还聚焦在"策划""设计""运营""产品""文案"等与宣传推广联系密切的岗位上，这也显示在大传播时代，不管是政府机构和企事业单位，还是社会机构或公益组织，都需要聘请专业传播人才进行公共传播，向社会有效快速地传递自己的理念、产品和服务。

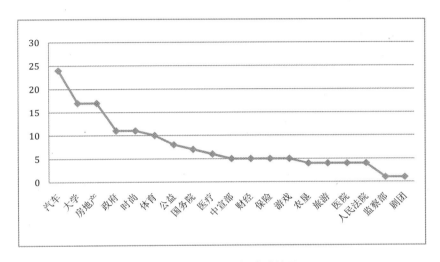

图2　招聘行业词频统计结果

图2中，"汽车""大学""房地产"分列第一、二、三位，表明汽车产业、高校事业单位和房地产行业对新闻传播人才的需求最强，位于非媒机构用人需求的第一梯队。尤其是现在的汽车和房地产行业，都是中国在世界上具有极强竞争力的行业，这也导致其对公共传播人才需求的旺盛。大学是文化生产和教育的核心，为了进一步传播文化，促进社会教育，必然有招纳专业传播人才的需求。"政府""国务院""中宣部""人民法院""监察部"等关键词，表明我国政府单位对传播人才的需求成为常态。近年来，随着移动互联网和社交媒体的发展，新媒体渗透到社会各行各业，很多政府机构相继开设自己的"两微一端"自媒体，聘请专业的传播人才实时传播本单位最新信息，承担社会公共信息的发布职能。比如中纪委通过建设自己的网站、客户端和微信、微博等媒体矩阵，实时传播反腐败信息，促进

社会信息公开，在全社会具有极大的关注度、传播力和影响力。此外，"时尚""体育""医疗""保险""医院"等行业对公共传播人才的需求见涨，也进一步说明在大传播背景下公共传播人才需求旺盛。我国新闻传播教育培养面向专业媒体的传媒人才，更要培养面向党政机构、企事业单位、社会组织等非媒机构的公共传播人才，满足全社会对公共传播人才的需求。

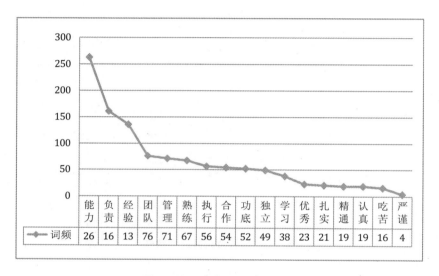

图3　职业素养词频统计结果

从图3中我们可以看出，关键词"能力""经验""熟练"等分别排名第一、三、六位，表明非媒机构对从业者的工作能力、经验和工作熟悉程度有比较高的要求。可见，非媒机构公共传播工作以应用为导向，面向公共传播的传媒教育应该注重培养学生的实践工作能力，加强实习和经验积累。同时，"负责""团队""合作"等关键词排名靠前，表明非媒机构重视从业者的负责态度和团队合作精神。作为非媒机构负责公共传播的人员，需要和机构内部相关专业人才进行交流沟通，这就需要从业人员具备一定的交流能力和团队合作意识。再者，"功底""精通""认真"等关键词表明非媒机构突出对职业素养的要求，非媒机构从业者应该具备较好的职业素养。

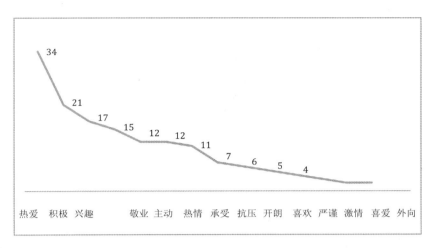

34
21
17
15
12　12
11
7
6　5
4

热爱　积极　兴趣　　敬业　主动　热情　承受　抗压　开朗　喜欢　严谨　激情　喜爱　外向

图4　职业态度词频统计结果

图4职业态度关键词词频统计中"热爱""积极""兴趣"分列第一、二、三位，体现非媒机构招聘突出对从业者工作态度的要求。非媒机构的工作不同于专业媒体工作，每天的工作都需要与该领域的专业人员和内容打交道，比如在医院做医疗传播的，每天都要和健康信息接触，长此以往很多人可能产生疲劳厌倦之心，这就需要从业人员对医疗健康行业有一定的兴趣，热爱医疗健康传播事业，自觉从事健康传播工作。其次，"承受""抗压"等强调从业者要具备吃苦承压的性格品质。不同于专业传媒机构分工非常细化的设置，非媒机构不是该单位的核心部门，人员和设备一般相对处于弱势，有时候一人需要身兼多职，一身多能，既可以撰写文字，也可以拍照修照；既要拍摄剪辑视频，也要排版发布，这就需要从业者具备一定的抗压能力。同时，"开朗""外向"体现出非媒用人单位对公共传播从业者工作积极主动性的职业素养要求。

表2　学历要求词频统计结果

排名	词语	词频	频率
1	本科	63	0.2305
2	硕士	18	0.0659
3	专科	19	0.0695
4	博士	3	0.011

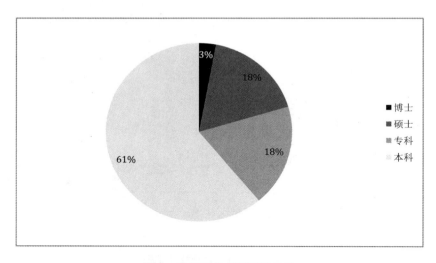

图5 学历要求占比统计结果

学历类词汇统计分析结果显示，61%的非媒机构招聘人才时要求本科学历，18%的非媒机构要求硕士学历。本硕学历共同占比为79%，也就是说非媒机构用人单位一般要求求职者具备本科学历即可。通过梳理具体招聘信息，我们发现要求硕士学历以上的主要是国务院、中宣部、监察部，某些高校、事业单位等政府机构和国家企事业单位，而民营企业或外企基本上没有硕士学历的硬性要求。国家党政机关和企事业单位属性的非媒机构对于公共传播从业者的学历门槛要求高且严格，而一般的小企业或是行业公司对学历要求相对低且宽松，更加重视从业者业务能力。传媒从业者想要进入党政机关和企事业单位，一般需要具备硕士学历或出身较好的本科学历。学历要求专科以上的主要集中为摄影、剪辑等专业技术较强的岗位，博士在招聘信息中只有极少数单位提出，但并没有一家有硬性要求。所以，非媒机构从业人员只要具备本科或硕士学历即可满足相关机构公共传播工作岗位需求，值得注意的是，部分单位明确提出"211"或"985"院校要求，存在一定的学校歧视问题。

图6热门软件技能词频统计结果中，图片处理软件Photoshop位列第一，并且同为图片处理软件的Illustrator排名第七位。某医院招聘信息为"熟练使用PS，具备进行基础图片处理能力"，人民法院、万达

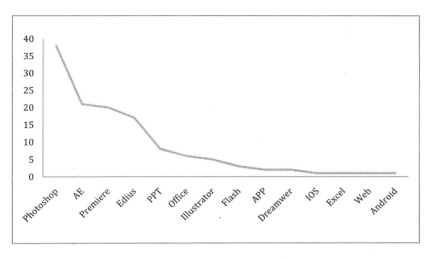

图6　热门软件技能词频统计结果

集团、某药物企业等多家非媒机构招聘信息中均提出熟练使用 PS 等图像处理软件，说明非媒机构对于传播人才需求的一个重要技能就是图片处理技术。现在很多企业和机构都开设自己的微信和微博客户端，独立进行新闻发布和传播，社交媒体的阅读除了文字，重要的一方面就是图片，这就需要相应岗位的工作人员具备一定的图片处理能力。后期方面特效制作软件 AE、剪辑软件 Premiere 和 Edius 也是很多非媒机构的基本能力要求，尤其是在大视频时代，视频制作后期人才需求比较大。当前，不少机构企业选择使用视频进行传播，尤其在短视频兴起的这几年，作为非媒机构，拥有一定的优势进行短视频制作和传播，对人才的视频剪辑和处理能力有一定要求。总体来看，非媒机构招聘信息表明用人单位从业者均有一定的软件技术能力要求，主要以图片处理软件为主，同时部分用人单位要求从业者具备一定的视频处理技能。

　　岗位词频统计数据显示，非媒机构招聘岗位主要为"策划""编辑""运营""文案""营销"等非媒体核心职位，专业媒体人才需求主要为"记者""编辑"等媒体核心内容创作人才，这也体现出非媒机构对传播人才的需求与专业媒体人才需求之间的差别。"策划""编辑""文案""运营"等岗位关键词排名靠前，体现出在非媒机构里，传播

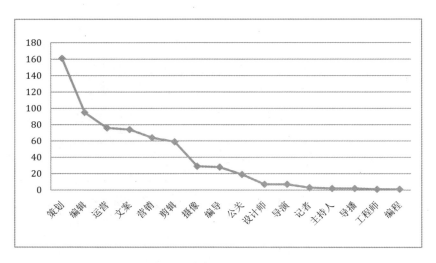

图 7   招聘岗位词频统计结果

人才的主要职责是协助企业等进行产品和服务的推广和营销，将其产品和服务传播出去。这表明，在非媒机构里，传播人才只是协助作用，而非处于核心地位。新媒体技术的发展，各家企业机构纷纷开设自己的微信公众号和官方微博，开展一系列营销活动。"剪辑""摄像""编导"等人才需求说明在大视频时代，企业营销不是仅仅局限于传统单纯的文字和图片，而是开始开发和挖掘视频的营销和推广价值，尤其是在短视频时代，视频播出平台的普遍和简易，使得任何企业任何机构都可以制作和传播视频内容，促使非媒机构对视频拍摄和剪辑加工人才需求的增加。在非媒机构从事传播工作，传统的单一能力不太迎合非媒机构人才需求，而"一专多能"，既熟练掌握文字或文案策划能力，又掌握图片和视频拍摄处理能力的人才，必将备受非媒机构的青睐。

招聘单位所在城市占比统计数据显示，发布传播人才招聘信息的非媒机主要分布在北京、上海、广州、深圳等城市，这表明发达城市企业机构的公共传播意识和人才需求与不发达城市具有一定的地域差异。一线城市非媒机构公共传播意识较强，对传播人才需求比较大，东南沿海地域人才需求比较旺盛，西北、西南、东北和中部地域公共传播人才需求相对比较小。其中，北京以 46% 的比例占据非媒机构人才招聘的近半数量。众多招聘信息对于工作城市有严格要求，这主要源于发达地区

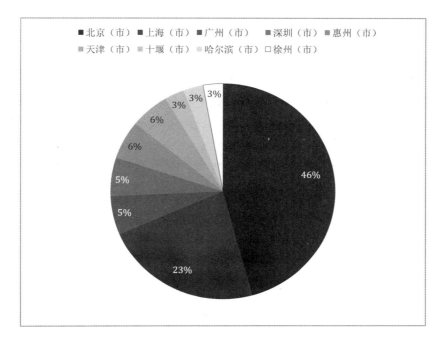

图 8 工作城市占比统计结果

较为集中的党政机关和大型企事业单位。另外，表现突出的是"上海"，占比 23%，发达的经济和较宽阔的国际视野，使得上海的公共传播意识比较强，人才需求比较大。其他省市如"广州""深圳""天津""惠州"词频率各为 5% 或 6%，表明沿海地区具有较为超前的公共传播意识。总体而言，非媒机构的公共传播人才需求与地区经济、政治和文化水平正相关。

核心产品形态词频统计结果显示，"视频"一家独大，与其他核心产品形态相差悬殊，体现了在大视频时代，视频成为主要的媒介形式。企事业单位和社会组织对于视频拍摄、剪辑和包装制作人才需求也水涨船高。"文字"和"图片"分列第二、三位，表明文图仍然是主要的公共传播内容形式。我们可以看出，当前非媒机构对于核心产品形态要求主要集中在文图和视频方面，这是公共传播人才最基本的能力要求。"动画""游戏""音频""HTML 5"位于核心产品形态的第二梯队，以其形象化、动态化、互动性强等特点受到年青一代受众欢迎。

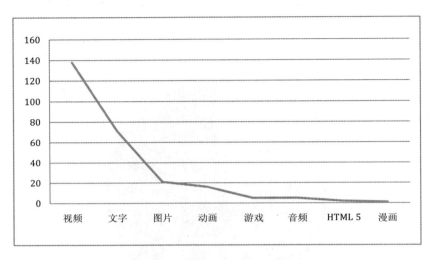

图 9 核心产品形态词频统计结果

语言能力词频统计结果显示，部分非媒机构对从业人员有一定的外语语言能力要求。其中，关键词"英语""英文"占比最大，加上"英语水平优秀""英语一定要好""英语翻译能力过硬""有英文编译能力者优先""英语特长生优先"等，说明对外语语言能力的要求以英语语种为主，这也提示新闻传播高校教育者，需要加强新闻传播学生的

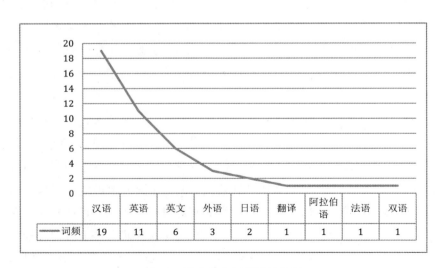

	汉语	英语	英文	外语	日语	翻译	阿拉伯语	法语	双语
词频	19	11	6	3	2	1	1	1	1

图 10 语言能力词频统计结果

语言能力，尤其是英语语言能力。关键词"外语""翻译"排名靠前，进一步印证非媒机构对语言能力的要求，甚至也有非媒机构的招聘信息中出现"英文好，英文好，英文好，重要的事情说三遍"等强调对英文能力要求的广告词。其次零星出现的"日语""法语""阿拉伯语"体现出部分非媒机构对小语种的要求，这里面主要以俄语、日语为主。改革开放以来，随着我国经济的快速增长，国家综合国力和国际影响力不断上升。不管是党政机构还是企事业单位，国际交流和国际贸易都急速增长，除了面向中国人的信息传播，不少非媒机构也需要一定的对外传播，这就需要从业人员具有一定的外语基本能力。

专业背景词频统计结果显示，专业关键词"文学"排名第一位，表明非媒机构对文字处理能力人才的需求很倚重，除了少数具备一定设备和技术能力的公司采用图片和视频进行公共传播，大多数微小企业和机构只能进行文字传播，因此突出了对文学或中文专业人才的需求。非媒机构要求从业者撰写公文和营销文案等，这也启示我们，不管技术如何发展，传播手段如何先进，文字依然是最基础、需求量最大、覆盖面最广的传播内容形式。"广告学""传播学"位列第二、三，说明非媒机构对营销人才的需求非常大，或者说对人才的营销思维要求比较高。不同于在专业媒体里工作的传媒人才，非媒机构的传播主要是为其产

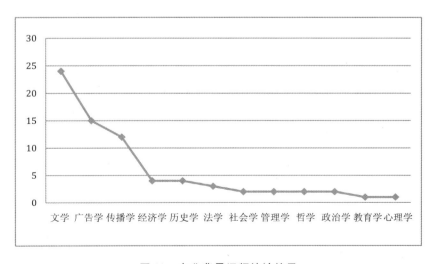

图 11　专业背景词频统计结果

品、服务和企业或机构形象服务，本质上是一种营销手段和职能的泛化。"经济学""历史学""社会学""法学""管理学"排名靠前，体现非媒机构对人才专业背景的多元化需求，尤其是一些行业机构或企业，要求公共传播人才除了需要具备一定的新闻传播能力和技术，还需要相应非媒机构所在领域的专业背景。新闻传播类高等院校应该持续加强通识教育，培养复合型新闻传播专业人才，有效提升学生专业素养、丰富知识结构、培养创新能力，为非媒机构输出既具有传播能力和知识，又具有相应细分专业领域背景的优秀公共传播人才。

四　结论

当前和今后一个时期，我国传媒行业人才问题，供给和需求两侧都有，但矛盾的主要方面在供给侧。一方面，一些新闻传播专业毕业学生找不到工作；另一方面，媒体人才需求优先，甚至呈现饱和状态。从新闻传播到公共传播，社会非媒机构有着大量新闻传播人才需求，事实证明，我国传媒人才不是需求不足，或没有需求，而是需求变了，不管是传媒教育者，还是新闻传播学专业的学生，都要转换观念，毕业后除了进入媒体这一种选择，还有大量非媒机构可以提供良好的工作机会和待遇。解决传媒人才结构性问题，必须推进传媒人才从新闻传播到公共传播的观念转变和实际转型。

移动互联网和社交媒体的急速发展，正在重塑当前传媒生态，同时也在重构传媒业与社会各行各业之间的关系。从新闻传播到公共传播，媒体专业人才需求不断减少，非媒结构在公共传播大背景下，对新闻传播人才需求不断增加。当前的一个普遍趋势是，新闻传播院校的毕业生，真正能够进入媒体工作的只是很小一部分，大部分人进入政府单位、事业单位、国有企业、民营企业、社会机构等非媒机构，从事各种大公共传播工作。为了及时了解公共传播大背景下，非媒机构对公共传播人才的要求，本章通过词频分析，具体讨论了非媒机构对从业人员在学历、职业技能、语言能力、职业素养、性格品德等方面的要求。本章也试图总结其结论，并从能力与经验导向，对高等院校提出创新课程设置，加强复合人才培养与重视学生职业素养和性格品行塑造的改进对策，以期给予我国高等院校新闻传播的人才培养和学生就业提供一些参考和启示。

第十三章　企业传媒人才能力需求报告

一　引言

　　一直以来，我国企业都拥有经营内刊的优良传统，从国有企业到民营企业莫不如此。企业内刊是企业的内部刊物，一般是不具有正式刊号的内部交流刊物，是企业的经营服务工具。据不完全统计，目前国内共有企业自己创办的非营利性企业内刊 10 万多种，表现形式有三类，即企业对内传播的报刊、针对集团客户和一般客户营销的报刊和内外兼顾的报刊。近年来，随着新媒体技术的发展，我国企业自办的新媒体呈现"井喷式"发展的态势。继企业官网之后，以企业微博、企业微信、企业 APP 为代表的企业自媒体矩阵大量涌现，为企业节省了大量的宣传与广告成本。另外，随着"互联网＋"行业的发展，互联网与传统行业深度融合，新型企业的相关生产环节对传播岗位产生刚性需求。在2015 年"两会"上，国务院总理李克强在政府工作报告中提出制订"互联网＋"行动计划，推动移动互联网、云计算、大数据、物联网等与现代制造业结合，促进电子商务、工业互联网和互联网金融健康发展，引导互联网企业拓展国际市场。从本质上说，"互联网＋"战略就是利用信息通信技术把互联网和包括传统行业在内的各行各业结合起来创造一种新的生态。在"互联网＋"时代，集业务知识、网络信息技术、市场营销等多种知识技能于一体的传媒人才将是人才市场的主流。近年来，金融、汽车、房地产、教育等传统领域对传播相关岗位的需求量同比也呈大幅度增长的态势，"功能设计""客户体验""产品策划""数据价值挖掘"等成为急需岗位。新闻传播院校的毕业生，真正能够进入媒体工作的只是很小一部分，有一部分完全可以进入企业。无论是传统的企业内刊与自媒体对采编岗位的需求，还是"互联网＋"企业对媒体人才更多元的需要，企业是未来吸收传媒人才的重要市场。为了及时了解从新闻传播到公共传播的大传播背景下的企业人才需求，本文选取 2017 年 1 月至 6 月部分企业招聘信息为研究样本，通过词频分析，了解企业对人才在学历、职业技能、语言能力、职业素养、性格品德等方面的要求。

二　研究方法与内容

（一）研究问题

新媒体时代，传统企业与新型企业对媒体有强劲的需求，它们对从业者有什么具体的要求？要求从业者具备何种学历，掌握什么技能，具备什么样的职业素养、什么性格或是品质，有什么语言能力要求，分布在哪些行业和领域，这是摆在传媒从业者面前的重要问题。本章通过对企业招聘信息的词频统计分析，用数据揭示企业人才选用标准和要求。

（二）研究样本

本文选取 2017 年 1 月至 6 月的 180 家企业媒体的招聘信息为研究样本，总字词符号数量达到 6.5 万。选择标准如下：（1）选择企业媒体全面、具体，具备研究价值；（2）选择企业媒体具有一定代表性，均为各行业领域内知名度较大的单位；（3）选择企业媒体具有一定受众规模和传播力、影响力；（4）选择国有大型企业媒体、民营企业媒体、外资企业媒体和有特色的小型企业媒体体现代表性；（5）选择企业媒体地域尽可能分布广泛；（6）选择企业媒体岗位分布均衡，既包括内容岗位，也包括技术和运营等岗位。遵循这 6 条标准，从中选取 180 家企业媒体招聘信息。

样本来源主要是企业官方网站发布的招聘信息、专业招聘网站发布的企业媒体人才招聘信息，以及微博"媒体招聘信息"发布的企业媒体人才招聘信息、微信公众号"媒体招聘信息""新闻实习生""刺猬公社"等发布的企业媒体人才招聘信息。招聘信息文本来源广泛，具有一定的覆盖面和代表性。

（三）研究方法

1. 词频统计

词是文献中承载学术概念的最小单位，词频统计是一种情报学的定量分析法。词频——反转文件频率，是一种基于情报检索和文本挖掘的常用加权技术，用来评估一个词对于一个文件或者一个语料库中的一个领域文件集的重要程度。"词频分析的波动与社会现象之间有着内在联系，一定的社会现象和情报现象会引起一定的词频波动。"传统文献分析法带有一定的个人偏好和主观经验，不一定可以窥探文献背后所隐藏的深层次意义。词频统计是指统计出某个文本中各个字词出现的次数与频率，作为一种科学的定量研究方法，词频统计分析可以透过现象看本质，具有一定的准确性、客观性、系统性、标准性，因而被广泛应用于人文社科领域多个学科的研究，并且取得了非常丰硕严谨的研究成果。本文使用 Python 编程语言，选择"做最好的中文分词组件"的"Jieba"（结巴分词）中文分词库，利用计算机软件分词技术将汇集的招聘信息拆散成词组和单个字符，并对拆散的词组依照出现频率进行统计，将统计数值按照从大到小的顺序进行依次排列，词频统计通过对收集的180 家企业招聘信息，进行分词和 TF—IDF 词频统计，一共有词数 4070个，包括半角符号和数字在内，词频统计排名前 100 位的词语见表 1。

2. 指标设计

基于 TF—IDF 词频统计结果仅为散乱词频数据，缺乏具体评价维度。本文人工设置如下维度：（1）排名前 18 位散乱关键词词频排名；（2）职业素养类词频排名，如能力、经验、负责等；（3）职业态度词语词频排名，如喜欢、热爱、积极、主动、激情等；（4）热门软件技能词频统计排名，主要为 Photoshop、IOS、Edius、Office 等从业者所学技术类软件；（5）学历要求关键词词频统计排名，主要为专科、本科、硕士、博士，以研究分析企业对于从业者的学历要求；（6）招聘岗位类排名，主要有策划、运营、编辑、摄像等，以研究分析企业不同岗位的需求量；（7）核心产品形态关键词词频统计排名，包括视频、图片、动画等，用以研究分析企业对不同媒介呈现形态的需求；（8）语言能力关键词词频统计排名，包括中文、英文、法语、日语等，用以研究分析企业对从业者外语要求；（9）招聘单位地区关键词词频排名，如北京、上海、广州等，用以研究分析企业就业区域分布；（10）专业背景类词统计排名，包含企业媒体学、传播学、美学等，用以研究分析企业对从业者学科背景能力要求。通过以上几个维度的关键词词频统计，总体分析研究企业对从业者的各项基本需求状况。

三　招聘信息文本词频统计分析与发现

表 1　TF—IDF 词频统计分析结果（前 100 位）

排名	词语	词频	频率
1	媒体	807	1.8571
2	能力	521	1.1989
3	工作	487	1.1207
4	策划	385	0.886
5	公司	348	0.8008
6	负责	315	0.7249
7	品牌	313	0.7203
8	公关	297	0.6835
9	经验	296	0.6812
10	传播	290	0.6674
11	媒介	288	0.6628
12	活动	259	0.596
13	广告	238	0.5477
14	沟通	222	0.5109
15	管理	221	0.5086
16	资源	218	0.5017
17	执行	200	0.4602
18	推广	199	0.4579
19	新闻	182	0.4188
20	项目	180	0.4142
21	合作	179	0.4119

排名	词语	词频	频率
22	宣传	177	0.4073
23	良好	174	0.4004
24	优先	162	0.3728
25	有限公司	159	0.3659
26	撰写	155	0.3567
27	关系	154	0.3544
28	职责	152	0.3498
29	维护	147	0.3383
30	客户	146	0.336
31	岗位	145	0.3337
32	方案	145	0.3337
33	营销	145	0.3337
34	专业	145	0.3337
35	文案	143	0.3291
36	市场	140	0.3222
37	任职	131	0.3015
38	团队	130	0.2992
39	熟悉	127	0.2923
40	分析	125	0.2877
41	学历	122	0.2808
42	策略	111	0.2554
43	完成	106	0.2439
44	产品	103	0.237
45	组织	103	0.237
46	计划	102	0.2347
47	协调	100	0.2301
48	投放	98	0.2255
49	互联网	83	0.191
50	内容	82	0.1887
51	本科	79	0.1818
52	信息	76	0.1749
53	北京	74	0.1703
54	创意	73	0.168

排名	词语	词频	频率
55	文字	73	0.168
56	独立	72	0.1657
57	企业	72	0.1657
58	渠道	68	0.1565
59	网络	65	0.1496
60	效果	65	0.1496
61	建立	64	0.1473
62	熟练	64	0.1473
63	协助	63	0.145
64	优秀	63	0.145
65	实施	62	0.1427
66	运营	62	0.1427
67	经理	60	0.1381
68	拓展	60	0.1381
69	稿件	59	0.1358
70	及时	58	0.1335
71	发展	57	0.1312
72	市场营销	57	0.1312
73	处理	56	0.1289
74	整合	56	0.1289
75	精神	55	0.1266
76	文化	55	0.1266
77	日常	54	0.1243
78	软件	54	0.1243
79	需求	54	0.1243
80	业务	54	0.1243
81	发布	53	0.122
82	形象	53	0.122
83	责任心	53	0.122
84	有效	52	0.1197
85	意识	51	0.1174
86	设计	50	0.1151
87	表达	49	0.1128

续表

排名	词语	词频	频率
88	部门	49	0.1128
89	领导	48	0.1105
90	制作	47	0.1082
91	功底	46	0.1059
92	科技	46	0.1059
93	流程	46	0.1059
94	数据	46	0.1059
95	传媒	45	0.1036
96	收集	45	0.1036
97	危机	45	0.1036
98	微信	45	0.1036
99	思维	44	0.1013
100	报告	42	0.0967

总体词语为 4070 个，包括英文在内。我们选取词频排名前 100 名关键词。

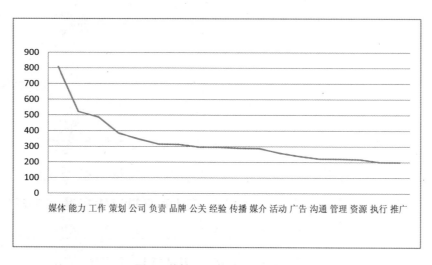

图 1　关键词词频统计分析结果

　　关键词词频统计排名前 18 位结果显示，企业媒体人单位关键词有"媒体""能力""策划"。通过这一关键词词频，我们可以看出企业要求从业者具有一定的能力和传媒专业素养，主要工作则是进行以微信公众号为核心业务的企业媒体运营。其次，"品牌""公关""传播""媒介"等与企业媒体经营管理密切相关的关键词排名靠前，说明企业媒体岗位的主要工作是策划、推广和营销相关企业的服务或产品，这就勾勒出其大致职业轮廓。同时，"媒介""传播""推广"等关键词表明目前企业媒体从业者的主要工作是在不同媒体平台进行内容发布，有效吸引和服务的粉丝，进一步利用粉丝经济辅助企业进行经营活动。相比传统媒体，企业媒体的媒体属性有所下降，核心目标是进行产品和服务的推广与运营。

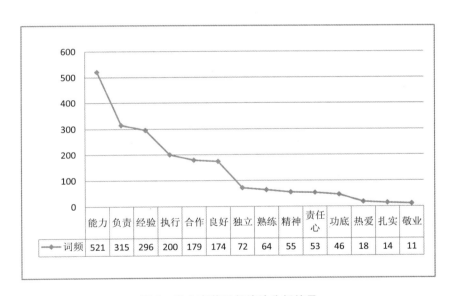

	能力	负责	经验	执行	合作	良好	独立	熟练	精神	责任心	功底	热爱	扎实	敬业
词频	521	315	296	200	179	174	72	64	55	53	46	18	14	11

图 2　职业素养词频统计分析结果

　　从图 2 我们可以看出，关键词"能力""经验"等分别排名第一、三位，表明企业对从业者的工作能力和经验有比较高的要求，经验和能力在工作中占据核心地位，传媒专业教育者应该注重培养学生的实践工作能力，加强实习和经验积累。同时，"负责""执行""良好""合作"等关键词排名靠前，表明企业重视从业者的执行能力、负责态度以及团队合作精神。作为企业工作人员，需要和服务对象以及其他目标消费者进行交流沟通，这就需要从业人员具备一定的交流能力。再者，"责任心""功底""扎实""敬业"等关键词表明企业突出对从业者职业素养的要求，企业媒体岗位的员工均要具备实干精神和务实的职业素养。

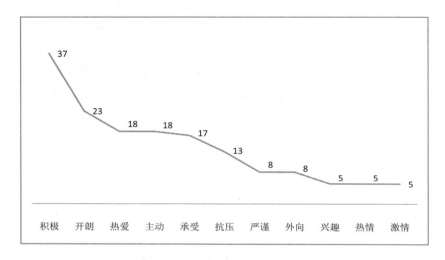

图3 职业态度词频统计结果

职业态度关键词词频统计中"积极""热爱""主动"分列第一、三、四位，体现在企业媒体招聘需求中突出对从业者工作职业情感的要求。企业媒体工作不同于专业媒体工作，经常为了蹭热点进行营销推广，生活不规律，也是经常加班，这就需要从业人员对企业媒体有一定的兴趣，热爱企业媒体创意事业，积极从事企业媒体创意工作。另一方面，"承受""抗压"等强调从业者要具备吃苦承压的坚强性格品质。不同于专业传媒机构分工非常细化的设置，企业媒体营销活动为了追求热点事件，经常需要赶时间加班，这就要求从业者具备一定的抗压能力。同时，"开朗""外向"体现出企业对企业媒体创意从业者乐观性格方面的要求。

表 2 学历要求词频统计结果

排名	词语	词频	频率
1	本科	79	0.1818
2	专科	42	0.0967
3	硕士	3	0.0069

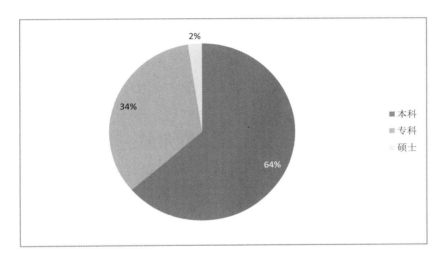

图 4 学历要求占比统计结果

　　学历要求类词汇统计分析结果显示，64％的企业媒体招聘人才要求本科学历，34％的非媒机构要求硕士学历。本专科学历共同占比为98％，也就是说企业媒体用人单位一般要求具备本科学历即可，通过梳理具体招聘信息，我们发现要求硕士学历的为中央企业媒体，而一般小的企业媒体基本上没有硕士学历的硬性要求。发达地区企业媒体从业者的学历门槛要求高且严格，而一般落后地区的企业媒体对学历要求相对低且宽松，但更加重视从业者业务能力。传媒求职者想要进入企业媒体，一般需要具备本科学历或出身较好的专科学历。相比于专业媒体，企业媒体对学历的要求比较低，三成多为专科学历，要求学历专科以上的主要集中为部分企业媒体需要少量专业技术较强的岗位，比如剪辑等后期技术人员。所以，企业媒体从业人员只要具备本科或硕士学历即可满足企业媒体的工作岗位需求。

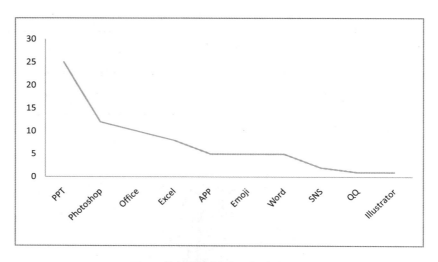

图 5   热门软件技能词频统计结果

  图 5 热门软件技能词频统计结果中，PPT 位列第一，排名第三、四、七位的 Office、Excel 和 Word，表明企业媒体对于从业者办公软件能力要求比较普遍，尤其是 PPT 制作技能。图片处理技术软件 Photoshop 位列第二，同为图片处理软件的 Illustrator 排名第十位，某企业媒体招聘信息为"熟练使用 PS，具备进行基础图片处理能力"，即使是招聘实习生，掌握图像处理能力的也会被优先录取，表明企业媒体对于创意人才需求的一个重要技能就是图片处理技术。很多企业媒体的业务都涉及图片、海报等，这就需要相应岗位的工作人员具备一定的图片处理能力。此外，SNS、APP、QQ、Emoji 等社交软件和内容关键词，表明企业媒体的核心业务主要集中在社交媒体。社交媒体时代，人们获取信息的主要渠道是微信、QQ 等社交媒体，这反映了企业媒体从业者的大致工作范畴。另外，Emoji 进一步说明企业媒体运营的诙谐和幽默。不同于传统媒体严肃的硬新闻，企业媒体内容主要为软新闻或一些软资讯。同时，很多企业媒体都对从业者有一定的办公软件技术能力要求，这也是当今时代媒体工作的必备技能。总体来看，企业媒体招聘信息表明用人单位对于从业者均有一定的软件技术能力要求，主要以文字处理软件为主，同时部分用人单位要求从业者具备一定的图片和视频处理技能。

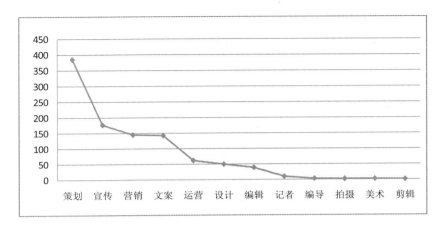

图 6　招聘岗位词频统计结果

图 6 岗位词频统计数据显示，企业媒体招聘岗位需求主要是"策划""宣传""营销""文案""运营"等媒体核心的职位工作，专业媒体人才主要为"记者""编辑"等媒体核心内容创作人才需求相应少，这也体现出企业媒体对人才的需求主要集中在运营人才的需求上。"策划""营销""文案""运营"等岗位关键词排名靠前，表明在企业媒体中，从业者的主要工作就是通过自己的策划和文案能力，帮助企业媒体进行产品和服务的营销和运营，将其产品和品牌传播出去，最终实现其经济效益和社会效益。这表明，在企业媒体中，人才主要集中策划、宣传、营销文案和运营、营销等推广运营人员。"编辑""记者""拍摄""编导"等关键词表明对内容创作人才的需求依然比较大。在企业中，传统的单一能力不太能胜任企业媒体的特殊需求，而"一专多能"，既熟练掌握文字或文案策划能力，又掌握图片和视频拍摄处理能力的人才，必将备受企业媒体的青睐。

企业媒体招聘单位所在地区占比统计数据显示，发布招聘信息的企业媒体主要分布在北京、上海、深圳、广州等企业媒体发展好的一线城市，在湖南、江苏、河南、南京、西安等非一线城市，企业媒体人才需求相对一线企业媒体小很多。表明一线城市企业媒体与二、三、四线城市企业媒体人才需求相对比具有极大的地域差异，一线企业媒体实力强大，周边相关产业比较完善发达，对媒体人才需求比较大。又表现为东

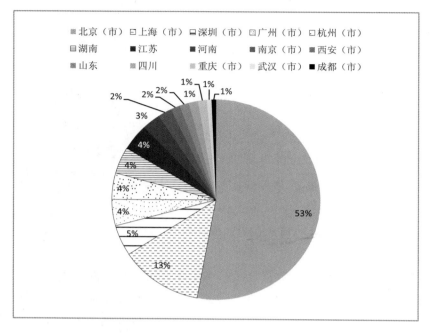

图7　工作地区占比统计结果

南沿海地域人才需求比较旺盛，西北、西南、东北和中部地区企业媒体
人才需求相对较小。其中，北京、上海、深圳和广州以75%的比例占
据全国企业媒体人才招聘的3/4。另外，江苏和杭州企业媒体发展程度
高，主要源于这两个省市经济实力比较强，品牌企业集中，人才需求比
较大。总体而言，企业媒体对于企业媒体人才的需求与地区经济水平呈
正相关。

图8核心产品形态词频统计结果显示，"文字"一家独大，而核心
产品形态相差悬殊，这体现出企业媒体对文案能力要求比较高，文字依
然是企业媒体工作人员的基础能力。另外，"视频"词频居于第二位。
我们可以看出，当前企业媒体对于从业人才的要求主要集中在文字和视
频方面。随着企业媒体的发展，出现了很多新形式的企业媒体创意方
案，但是视频依然占据企业媒体的重要地位。"平面"和"图片"分别
排名第三、四位，表明企业媒体对图片传播手段比较重视，这方面的人
才需求规模比较大。随着微电影、短视频、网络电视台的兴起，视频行

业快速发展，有大量企业选择了网络视频营销，增加了企业对视频制作
人才的需求。

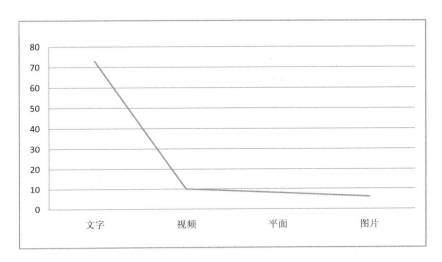

图 8 核心产品形态词频统计结果

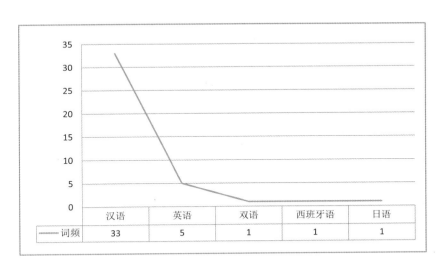

图 9 语言能力要求词频统计结果

语言能力词频统计结果显示，部分企业媒体对从业人员有一定的外
语语言能力要求。其中，关键词"英语"占比最大，"英语水平优秀"

"英语一定要好""英语翻译能力过硬""有英文编译能力者优先""英语特长生优先"等广告词说明对外语语言能力的要求以英语语种为主，这也提示传媒人才加强自身语言能力的提升，尤其是英语语言能力。改革开放以来，伴随着我国经济的快速增长，国家综合国力和国际影响力的不断上升，不管是跨国公司还是知名国企，国际交流和国际贸易急速增长，不少企业有一定的国际贸易业务，这就需要企业媒体从业人员具有一定的外语能力。

学科专业词频统计结果表明，企业单位招聘信息中明确要求招聘具有其他学科背景的传媒人才。从图10中我们可以看出，专业关键词"传播学""广告学"和"文学"排名第一、二、三位，表明企业对广告与文字人才有比较大的需求。随着我国经济快速发展和市场经济的完善，财经类媒体人才需求不断增加。排名其后的"医学""营养学""金融学"，表明部分企业媒体对具有专业背景人才的专门需求，由于财经金融类新闻所具有的专业性，要求该行业媒体工作者在具备基本新闻专业知识与能力的基础上，同时具备一定的经济学或金融学专业背景。由于不同企业业务的巨大差异，各家企业的主营业务各有不同，在宣传与营销工作中除了要求从业者具备专业媒体技能，还要求"懂行"。如某医药企业招聘媒体策划与采编人员时，要求具备医学、药学

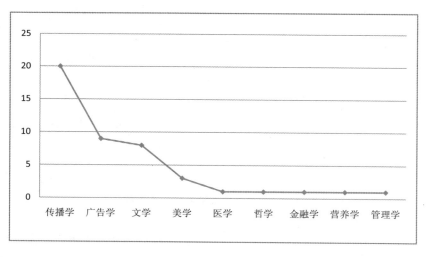

图10 专业背景词频统计结果

大学本科学历。某文化企业在招聘内刊执行主编时，要求为历史、文物等相关专业毕业。

四　结语

自媒体时代已经来临，企业自办媒体的红利正在凸显。很多企业亦开始积极借助自媒体平台输出独具风格的内容，从而聚集大量粉丝以获得经济效益。对大多数企业来说，继续提高内刊办刊水平，建设自媒体矩阵，扩大社会与市场影响力已经成为其发展的内在要求。因此，除了进入专业媒体，媒体人才选择进入企业编辑内刊或企业自媒体也是传媒专业毕业生的一个上好选择。

第十四章　传媒人为什么要去 "北上广"打拼？

不管我们承认不承认，人们的"注意力"基本上被北上广的媒体瓜分。2017年，新的一年，有的媒体人要换工作，有的传媒学生要决定考研学校，有的传媒专业学生要决定毕业工作城市。北上广，三个一线城市，成为无数人选项里的YES和NO。传媒业，是一个地域差异性极大的行业。今天我们就来看看，为什么建议媒体人去北上广一线城市学习、实习、工作？

　　单向空间创始人许知远：罗振宇为什么会成为罗振宇？
　　罗辑思维创始人罗振宇：进了中央电视台啊！

罗振宇：进中央电视台啊！这是我人生当中，可以说最有幸的一段。就算在央视啊，你可能也很穷，物质生活上也谈不上多自由，但是你突然获得了一个上帝之眼。比如说我后来当了央视《对话》栏目的制片人，每年到了"两会"期间，他们一般都会要求《对话》节目做一期特别节目，那你想想每期节目做什么，那肯定讲医疗问题，讲教育问题，我突然觉得开那种策划会，就是开国务院办公会。虽然我不是总理，没有那样的位置，但是我的视野是那个视野。所以当时的一个制片人干的，我当时都不干……在《对话》三年，说得不好听一点，我给自己又上了一次大学。

　　1. 传媒生态：一线城市仍是媒体人最佳从业地点
　　《价值升级与技术革命——2016年媒体内容与从业者生态报告》显示：媒体人多数偏爱北上广深杭。数据显示，北京、上海、深圳是媒体行业平均月薪最高的 3 个城市，分别为 1.011 万元、9570 元和 9280 元。媒体从业者的地域分布上，一线城市仍占绝对主导地位，从业者在总量中占 71.74%。其中，来自北京的媒体从业者占到 53%。北京的中央电视台、人民日报、新华社三大央媒，腾讯、新浪、网易、搜狐四大门户网站，以及优酷、爱奇艺、腾讯视频等互联网媒体已经牢牢控制了我们的眼睛。此外，媒体专业服务广告公司、公关企业、策划公司、媒体传播公司都聚集在北上广。

2. 传媒教育：全国新闻传播学 TOP 10 大学，北上广三城占 7 所

传媒产业属于知识产业，核心资源是人才。传媒的发展根本在人才，人才的根本在教育！教育部最新学科评估是按照《学位授予与人才培养学科目录》的学科划分。《2012 年学科评估结果》中的 0503 新闻传播学的全国 48 所高校排名中前十名如下：

编号	城市	学校	分数
10002	北京	中国人民大学	92
10033	北京	中国传媒大学	92
10246	上海	复旦大学	90
10486	武汉	武汉大学	84
10003	北京	清华大学	81
10487	武汉	华中科技大学	81
10610	成都	四川大学	81
10001	北京	北京大学	79
10559	广州	暨南大学	79
20248	上海	上海交通大学	77

中国人民大学新闻学院是新中国成立后，党和政府领导创办的第一家新闻教育机构。复旦大学新闻学院前身为复旦大学新闻系，创办于1929 年 9 月。人民大学新闻系和复旦新闻系是国内最早开展新闻学硕士和博士教育的两所院系，共为中国新闻研究生教育的开山鼻祖。中国传媒大学新闻学院是新中国创办最早的新闻学专业教学点之一，为国家新闻事业造就了包括中央"三大台"（中央人民广播电台、中央电视

台、中国国际广播电台）台长在内的上万名不同层次的杰出人才，声名远播，风采尽展。除此之外，老牌名校清华、北大新闻学院也实力不俗。总体而言，全国最好的新闻传播教育资源都集中在北上广。

3. 媒体实习：一线城市大媒体开阔眼界，一览众山小

新闻学作为一门实践应用型学科，总归是"纸上得来终觉浅"，媒体重视学生的"实战演练"。在校期间，几乎每位传媒院系的学生都拥有媒体实习的经历。就读北上广的新闻传播类大学生，可以获得优质的教学资源和丰富多样的媒体实习资源。以北京为例，在北京就读传媒专业的学生，拥有便捷多样的媒体实习机会和条件。既可以选择去新华社、人民日报、中央电视台、中央广播电视台等央媒，也可以选择去腾讯、百度、凤凰、网易、新浪等互联网新媒体；既可以选择新京报、北京电视台、光明日报等传统媒体，也可以去腾讯、爱奇艺、优酷、搜狐都视频媒体等。不管是老师还是同学都很优秀。而以西部城市四川为例，可选择性非常小，仅仅限于四川电视台、成都电视台、四川日报等媒体。

有一位在腾讯实习的学生这样形容自己在腾讯的实习经历，最恰当的莫过于"土包子进城记"。看一切都觉着很新鲜。带着强烈的好奇心，开始了解这里的一切。毫不夸张地说，新世界的大门可能就是这样打开的。撇开工作能力的提高不说，眼界的开阔应该是更为宝贵的收获。"人外有人，山外有山"这句话，我也是第一次真实而正面地了解。

4. 人才需求：传媒人才招聘北上广占全国近八成

发布媒体招聘信息的单位主要分布在北京、上海、广州等城市，地域差异大，一线城市媒体行业比较发达，对人才需求比较大。北京以57%的比例占据媒体人才招聘的大半壁江山，众多招聘信息提到"工作地点仅限北京"，对于工作城市有严格要求，主要源于北京有发达的媒体行业和互联网产业。另外表现突出的是"上海"，占比11%，"广州"占比8%，一起约占媒体人才招聘总量的1/5。总体而言，北上广占比76%，媒体的发展水平和用人需求与地区经济、政治和文化水平呈正相关。对于媒体从业者而言，相对二、三线城市极其匮乏的实习和就业机会，一线城市媒体实习和工作就业机会占近八成。

5. 互联网新媒体：北上广传媒人才需求是第一梯队

"互联网""网络"分列第一、二名，表现出互联网行业新媒体发展迅速，位于用人需求第一梯队，人才需求旺盛。以移动互联网为代表的互联网跨界浪潮正在以前所未有之势颠覆传统媒体产业，以前的传媒格局濒临坍塌，互联网媒体必将成为传媒产业的主导力量。"广告"关键词的突出排名，表现出广告行业的规模较大。"电视""报社""广播"等广电媒体用人需求在第二梯队。随着互联网的发展，媒介融合趋势强化，传媒人才坚持"互联网＋"思维，积极拥抱互联网，做互联网世界的"混世魔王"。

6. 新媒体：知名自媒体创业品牌均在北上广

新媒体知名品牌"罗辑思维"估值13.5亿元。短视频领域大牛"一条"获得上亿元投资。2016年上半年，Papi酱是被议论得最多的现象级网红。被誉为是"新媒体史上的第一拍"的Papi酱，视频广告贴片竞争中最终，化妆品线上卖家丽人丽妆以2200万元拿下了这次广告投标。2016年，在极赚钱又极有争议的微信公众号中，咪蒙、黎贝卡稳坐榜首。据从事广告投放的行业人士透露，咪蒙在2016年7月的报价是头条45万元、二条22万元。同道大叔创始人蔡跃栋套现2亿元，他28岁，毕业才三年，做自媒体身家达到数亿元，轰动一时。这些在行业内叫得上名的新媒体品牌，有一个共同的属性，那就是都在北上广。粉丝几个亿的自媒体天团已经冲进电视台招人。不久之前，新媒体内容创业领域的十几位大咖聚集一堂搞事情。新榜与天津卫视大型求职真人秀《非你莫属》栏目组联手，重磅推出新媒体专场，大咖们正是为了求贤而来。霸道总裁们频频语出惊人，求职者也是多才多艺。

7. 传媒品牌：十大传媒品牌，九家分布在北上广

传媒业十大品牌：中央电视台、新华社、人民日报、南方报业、光明日报、凤凰卫视、SMG东方传媒、湖南卫视等，大多数都分布在北上广，只有湖南卫视等屈指可数的几家分布在别的省份。也就是说，在传统媒体这块，北上广聚集着全国最优质的媒体品牌和资源。除此之外，现在的行业翘楚今日头条、新京报等也都在北京这样的一线城市。

8. 报纸电视：行业翘楚全部集中北上广

全国电视台中：中央电视台，北京卫视、东方卫视、深圳卫视均排名全国前十。纸媒这一块，人民日报、光明日报、新京报、南方周末、南方都市报等知名的媒体均分布在一线城市。不管是工作还是大学实习，北上广将拥有得天独厚的传媒资源与便利条件。如果你在小地方的学校就无法获取此类职位，也可能限制了你的未来选择。另外，北上广城市里人口流动性大，你能接触的具有各种各样背景的人多，利于扩大交流的范围。且因为城市便利的交通设施，使得个人行动的范围极度扩大，也增加了面对面交流的频度，更有可能碰撞出思想的火花。在北上广的媒体实习工作，可以很便利地遇到各地优秀的人，接触面更广，视野更开阔。

9. 广告公关：广告公关品牌全部集中北上广

在中国，都说北上广这3个地方的公关行业是最发达的。但是个人认为广州的不如上海的，上海的不如北京的。但换句话说，全国公关行业三强非北上广莫属。公关品牌奥美、万博宣伟、罗德、爱德曼、福莱总部或国际公关公司大中华区总部全部在北上广，其中以北京、上海为主。4A广告公司和主要的大型公关公司一般都在北上广。

北京更加贴近政治，上海更加贴近国际，广州更加贴近文化。公关公司最大的区别和竞争力都是由其客户决定，由媒体环境造成的，客户规模的大小决定其传播的格局和广度。受预算限制，媒体环境决定其发展的偏向，公关都是跟着媒体走的。而公关公司运营比较灵活，属于轻资产企业，最大的限制还是在于人才上，人员的整体素质决定了公司的服务水平和能力，这是决定其发展的关键！既然知名企业都分布在北上广，传媒品牌、人才、资源影响力也都集中在北上广。那么，跟着企业和媒体走的公关广告行业，势必都分布在北上广。传媒行业，传播学、公关广告专业学生，想要在广告公关行业获得好的对口工作，北上广为最佳选择。

10. 视频网站：十大视频网站，九家位于北上广

全国知名视频网站均在北上广，其中北京一家独大。业内几家视频媒体巨头优酷土豆、爱奇艺、腾讯视频、搜狐视频、乐视视频均聚集在北京。这也在告诉我们，想要在视频媒体行业发展，北京是最佳选择，

所有的资源都集聚在北京。至于影视行业，基本上被北上广垄断，全国其他地域的公司能够分得一杯羹的希望微乎其微。

11. 门户网站：北京一家独大

在中国，最著名的门户网站有众所周知的中国四大门户网站（新浪、网易、搜狐、腾讯），其他如百度、新华网、人民网、凤凰网等也较为著名，其中百度几乎可与中国四大门户网站平起平坐。同样，这些门户网站有一个共同的属性，那就是都分布在北京！北京！北京！另外两家知名的地方门户网站分别是北京的千龙网，上海的东方网。总之，都逃脱不了北上广。今天我们看新闻的新闻客户端今日头条、网易新闻、腾讯新闻、搜狐新闻、凤凰新闻、一点资讯、ZAKER 新闻客户端等，全部集中在北京等一线城市。

12. 北上广有更多对口工作

对于很多传媒学生而言，传媒资源主要集中在北上广。很多人在自己的家乡很难找到一份满意的工作。举个例子，你来自一个西部省份，学习传媒专业，如果本地媒体工作，基本上只能去省市电视台或省市纸媒，新媒体几乎是没有。那么问题就是，得到一份工作的机会很少，很多时候需要找人托关系，挤进本地的媒体。即使进去，当地媒体发展都不好，带来的问题就是工资不高，缺乏工作所需资金和人力资源，没有工作成就，自己也没有成长和进步。

北上广等一线城市则不同，由于经济的发达和媒体的多样性，职位的需求量非常大，包含很多高端优质职位，有大量且丰富多样的优秀人才需求。你可以选在去传统媒体、新媒体、互联网媒体，总之北上广一线城市让更多的传媒人有了可以选择的空间和机会。

许知远：所以在央视之前，你很少用这样的视角看问题。

罗振宇：对啊！

许知远：那是什么感觉，突然被推到一个更大的平台，就那种对人的转化和冲击，是什么样的感觉呢，现在回忆起来。

罗振宇：那个时候我觉得，人生的自觉性开始出来了。因为这是30岁前后，你开始知道自己为什么活，我当时有一个特别的自觉，就是抓住一切机会去学习。所以当时的一个制片人干的，我当时都不干……在《对话》三年，说得不好听一点，我给自己又上了一次大学。